일상에서
생각 깨우기 연습

일상에서 생각 깨우기 연습

초판 1쇄 발행 | 2018년 3월 15일

지 은 이 | 안성진
펴 낸 이 | 이성범
펴 낸 곳 | 도서출판 타래
책 임 편 집 | 정경숙
표지디자인 | 김인수
본문디자인 | 권정숙

주소 | 서울시 마포구 성지3길 29 그레이트빌딩 3층
전화 | (02)2277-9684~5 / 팩스 | (02)323-9686
전자우편 | taraepub@nate.com
출판등록 | 제2012-000232호

ISBN 978-89-8250-104-3 (03320)

· 이 책은 저작권법에 의해
  한국 내에서 보호를 받는 저작물이므로
  무단 전재와 무단 복제를 금합니다.
· 값은 뒤표지에 있습니다.
· 파본은 구입한 서점에서 교환해 드립니다.

신의 삶을 돌아보게 된다. 때론 새로운 결심으로 주먹을 불끈 쥐기도 한다. 하지만 돌아서면 끝. 매일 반복되는 일상의 틀로 들어서면 언제 그랬냐는 듯 늘 하던 대로 한결같은 삶을 살게 된다. 마치 잠든 상태로 움직이는 몽유병 환자처럼.

가끔 하는 생각을 자주 하도록 생각을 깨우는 방법은 없을까? 등불을 켜는 스위치처럼 생각을 켜는 스위치가 있다면 얼마나 좋을까. 그러면 필요할 때마다 스위치를 켜고 내 생각이 이끄는 삶을 살 수 있을 텐데 말이다. 흔히들 말하는 것처럼, 사는 대로 생각하지 않고 생각한 대로 살기 위해.

다행히 내게는 생각을 깨우는 세 가지 스위치가 있다. 독서, 사색, 달리기가 그것이다. 독서하며 떠올리는 생각들, 사색할 때 떠올리는 생각들, 달리기를 할 때 떠올리는 생각들이 각각 있다. 물론 각각의 스위치가 비슷한 생각을 만들 때도 있다.

글로 옮기지 못할 뿐, 우리 일상 곳곳에는 많은 생각들이 숨어 있다. 그 생각들은 서재 안에 잠든 책들처럼 누군가 꺼내주기만을 기다리고 있다. 이 책에 옮겨놓은 생각들은 적어도 누군가의 일상 서재에도 똑같이 자리하고 있는 것들이다. 평소 떠올리지 못했을 뿐, 만나기만 하면 내 것이었던 생각들이다. 그 생각들을 꺼내는 행위가 내게는 독서, 사색, 달리기였다. 생각의 서재에 접근하는 나만의 방식이다.

생각을 정리하다 보면 언제나 변함없이 도달하는 지점이 있다. 이 책은 그 지점에 대한 이야기다. 생각도 중요하지만, 생각을 하면 알게 되는 게 있다. 바로 실행에 관한 것이다. 우리는 이것 때문에 좌절하고, 결심하기를 반복한다. 실행 목록을 만들기도 하고, 'Just Do It'이란 말에 자주 자극 받는다. 이런 경험은 마음먹은 것을 실행하는 일이 평생의 과제란 사실을 깨닫게 한다.

브라이언 트레이시의 《Get Smart!》에 이런 말이 나온다.

"Action is Everything"
실행이 전부다.

나는 이 문장에 큰 사각형 표시를 했다. 다음에 나오는 똑같은 의미의 문장에 동그라미를 치고 또 쳤다. 'Take the First Step' 'Do Something', 'Do Anything', 'Step out in Faith'
우리가 무슨 생각을 하며 사는가는 무척 중요하다. 하지만 그보다 더 중요한 것이 무엇을 하느냐다. 우리가 하는 행동이 우리 자신을 만들기 때문이다.

생각이 곧 행동을 이끈다. 행동이 우리를 바꾼다. 습관을 바꾸고, 운명을 바꾸기도 한다. 그래서 생각이 중요하다. 생각하지 않으면 아무런 변화를 경험하지 못하기 때문이다.

이 책을 읽는 독자들이 숨어 있는 보석을 캐는 것처럼 일상의 서재에서 생각을 꺼내보는 경험을 함께 할 수 있으면 좋겠다. 일상이 바로 생각을 담은 서재라는 사실을 공감하기를 바란다. 이 책에 담은 이야기들이 생각을 일으키고, 행동의 변화를 이끄는 힘이 되어주기를 간절히 바라는 마음이다.

이 책을 통해 알고 있지만 평소 떠올리지 못했던 생각들을 다시 만나고, 그 덕분에 일상이 바뀌는 경험을 할 수 있기를 바란다. 변화는 이 시간, 이 순간을 어떻게 보내느냐에 달려 있다는 사실을 깨닫는데 이 책이 조금이라도 도움이 되기를 바란다.

|C|O|N|T|E|N|S|

변화는 생각에서 시작된다 04
Prologue

책에서 꺼낸 생각들
Part 1

- 할 수 있다는 사람과 만나다 《꿈이 없다고 말하는 그대에게》 16
- 소통을 위해 필요한 것 《나무와 말하다》 19
- 기억을 모두 잃는다면 인간이라고 할 수 없다 《살인자의 기억법》 23
- 지치면 지고 미치면 이긴다 《수레바퀴 아래서》 27
- 정신은 늙지 않는다 《노인과 바다》 32
- 좋은 부모를 만드는 무한 긍정의 힘 《너를 있는 그대로 사랑해》 36
- 책을 읽는 것은 삶을 읽는 것 《시골에서 책 읽는 즐거움》 39
- 모든 행복과 불행은 마음속에 있다 《수상한 고물상, 행복을 팝니다》 43
- 인생을 이해하는 또 다른 관점 《당신, 전생에서 읽어드립니다》 46
- 운명은 과학이다 《내가 춤추면 코끼리도 춤춘다》 50
- 놀란 자는 이루고 비웃는 자는 사라진다 《생각의 비밀》 54
- 사색이 필요할 때 읽는 책 《싯다르타》 58

- 공부벌레가 아닌 꿈벌레 되기 《10대, 나만의 꿈과 마주하라》 62
- 작고 가벼운 실천의 힘 《나는 고작 한번 해 봤을 뿐이다》 66
- 니체 철학에서 찾는 삶의 의미 《초인수업》 69
- 미술관에서 교양인이 되는 방법 《한국의 미 특강》 73
- 거짓말이 난무하는 세상 읽기 《왜 거짓말하면 안 되나요?》 77
- 복잡한 세상에서 현명하게 사는 법 《버려야 보인다》 80
- 감성을 자극하는 갓길 책 읽기 《마음의 눈에만 보이는 것들》 83
- 회사를 그만두고 싶을 때 읽는 책 《나는 이렇게 될 것이다》 87
- 시키는 대로 살 것인가, 내키는 대로 살 것인가 《이카루스 이야기》 90
- 책이 시키는 대로 해서 성공한 이야기 《책 읽고 매출의 신이 되다》 93
- 행복 처방 '감사합니다' 《100감사로 행복해진 지미 이야기》 97
- 보이는 것을 제대로 보다 《보다》 100
- 실행 앞에서 머뭇거릴 때 《드림 레시피》 103
- 먼저 행동하면 걱정이 사라진다 《립잇업》 106
- 만 시간의 법칙을 벗어나다 《클릭 모먼트》 110
- 나를 죽이지 못한 것은 나를 더 강하게 만든다 《죽음의 수용소에서》 114

달리며 꺼낸 생각들

Part 2

- 삶은 선택의 연속이다 **122**
- 나를 객관적으로 보는 방법 **125**
- 우리 몸은 적응력이 강하다 **128**
- 고통이 성장을 이끈다 **131**
- 색다른 경험이 나를 바꾼다 **134**
- 글쓰기는 인생 최고의 습관이다 **137**
- 나만 나를 바꿀 수 있다 **140**
- 독하게, 더 독하게 **143**
- 나를 응원해 주는 단 한사람 **146**
- 깜깜한 동굴 속에 사는 나는 누구일까? **149**
- 걷다가 뛰는 즐거움을 맛보다 **152**
- 5초 안에 말해야 합니다 **155**

- 즉시 행복해지는 나만의 도구 **158**
- 비교에 능숙한 내가 행복해지는 방법 **161**
- 내 인생에 꼭 필요한 세 가지 습관 **164**
- 힘들 때 떠올려야 하는 것들 **167**
- 내가 갈 곳을 알기 전에 반드시 알아야 하는 것들 **170**
- 지금 이 순간에 내가 해야 할 것들 **173**
- 좋아질 걸 알기에 견딘다 **176**
- 하루를 의미 있게 만드는 아주 쉬운 방법 **179**
- 내가 원하는 삶이 무엇인지를 항상 떠올려라 **182**
- 지혜롭게 사는 길 **185**
- 1초가 소중해야 시간을 귀하게 쓴다 **188**
- 같은 날은 없다 **191**

일상에서 꺼낸 생각들

Part 3

- 나를 찾아가는 시간, 글쓰기 **196**
- 침묵은 금이 아니다 **199**
- 한번 더 생각하고 말하기 **202**
- 흔들리지 않고 사는 방법 **205**
- 매일 실행하면 만나는 기적 **208**
- 나의 인생을 50년 전통의 칼국수집처럼 만들어라 **211**
- 웃어서 손해 볼 일은 절대로 없다 **214**
- 일상에 좀 더 민감해지면 삶이 풍요로워진다 **217**
- 나는 누구인가! **220**
- 내 인생에서 의미 없는 날은 없다 **223**
- 무언가를 떠올리는 습관 **226**
- 딱 오늘 하루의 목표를 정해 보자 **229**
- 나만의 만트라가 있는가? **232**
- 매일 당신이 빠지지 않고 하는 일을 말해 달라 **235**
- 삶은 한 권의 책과 같다 **238**

- 사랑받기 위해 태어난 사람 **241**
- 무기력하게 느껴질 때는 무조건 움직여라 **244**
- 사는 대로 생각한다는 것 **247**
- 생각하지 않아도 존재할 수 있다 **250**
- 버티는 힘을 길러라 **253**
- 아이들이 주는 맛 **256**
- 결과에 대한 성급한 기대는 포기를 부른다 **259**
- 사람은 평면이 아니라 입체다 **262**
- 하루를 최고로 만드는 2가지 감사한 일 **265**
- 건강검진 문진표가 내게 묻는 것 **268**

나만의 1-1-1 법칙을 만들자 271

Epilogue

독서가 정신에 미치는 효과는 운동이 신체에 미치는 효과와 같다.

_영국의 문인 리처드 스틸

Part 1
책에서 꺼낸 생각들

지금은 소셜미디어가 발달한 21세기다. 세상의 멋진 인물들이 나와 만나기 위해 다양한 채널을 열어두고 있다. 내가 진정으로 원하는 세상에 이미 도달한 그들의 세계 속으로 한발 내딛는 순간 새로운 세상이 열리게 된다.

할 수 있다는
사람과 만나다
《꿈이 없다고 말하는 그대에게》

하고 싶은 일이 있다면 그 일을 한 적이 있는 사람과 만나야 한다. 그래야 '할 수 있다'는 믿음을 갖게 되고 응원과 지지도 받을 수 있다. 해본 사람은 '불가능'이 아닌 '가능'을 먼저 떠올리기 때문이다.

우에마쓰 쓰토무가 쓴 《꿈이 없다고 말하는 그대에게》는 꿈을 가진 이들에게 가장 중요한 것이 무엇인가를 이야기하는 책이다. 책에는 다음과 같은 내용이 나온다.

> 만약 평범한 사람을 붙잡고 "로켓을 만들고 싶은데요."라고 의논을 한다면 "아니, 로켓을 어떻게 만들어? 그건 못 해!"라는 말을 들을 게 뻔합니다. 하지만 만약 저에게 상담을 한다면 "그래? 어떤 걸 만들래?"라고 할 겁니다. 단지 그것뿐입니다.

책을 쓰고 싶은 사람이 평범한 사람을 붙잡고 "책을 쓸 건데요."라고 말하면 "책을 아무나 써? 그건 작가들이나 쓰는 거야!"라는 말을 들을 게 뻔하다. 그런데 책을 쓴 작가에게 말한다면 "어떤 책을 쓰고 싶으세요?"라는 말을 듣게 된다.

결국 해본 사람만이 가능성을 안다. 그래서 꿈을 이루고 싶다면, 그 꿈을 이미 이룬 사람을 만나야 한다. 그래야 꿈을 이룰 가능성이 훨씬 높아진다.

그래서 지금 하던 일과 다른 일을 하려면 새로운 일을 이미 해본 사람들과 일을 해야 한다. 그래야 자연스럽게 새로운 일에 익숙해진다. 마찬가지로 지금보다 더 나은 일을 찾는다면 그 일을 하는 사람을 찾아가면 되는 것이다. 돈을 더 많이 벌고 싶다면 나보다 돈을 더 많이 버는 사람들이 있는 곳으로 가면 된다.

사람이 변하려면 세 가지 중 하나를 바꿔야 한다. 만나는 사람을 바꾸거나, 환경을 바꾸거나, 몸을 바꾸거나. 사람을 포함한 환경을 바꾸기만 하면 변화가 쉬워진다. 몸이 바뀌면 생각도 쉽게 바뀐다. 건강한 사람이 건강한 생각을 하게 되는 것처럼 말이다.

현재보다 더 나은 생활을 꿈꾸는 직장인들이 많다. 하지만 매일 똑같은 일상을 반복한다면 아무런 변화도 기대하기 힘들다. 현실을 바꾸기 힘들다는 생각 속에는 아무 것도 바뀌지 않을 거라는 무의식이 전제되어 있다.

'왜 내게는 좋은 일이 생기지 않을까?' 하는 불평불만은 무엇인가를 시도해 보고 난 뒤에 나와야 한다. 내가 현실에 안주하고 있을 때, 그 누군가는 새로운 상황에 도전하고 더 나은 삶의 현장으로 옮겨가고 있다는 사실을 잊지 않아야 한다. 내가 만나는 사람만 바꾸어도 생각을 바꾸고 일상을 바꿀 수 있다.

　꿈을 이루고자 한다면 그 꿈을 응원하는 사람을 만나야 한다. 그것이 원하는 삶을 사는 비결이다. 아직 내게 부족한 그 무엇. 내가 원하는 꿈을 향해 나아갈 때 만나야 할 사람은 내가 가고자 하는 방향에 서 있는 그 누군가이다.

　이 세상에 나 혼자 해결할 수 있는 일은 많지 않다. 때문에 나의 꿈을 구체적으로 보여 줄 수 있는 내 인생의 멘토가 반드시 필요하다.

　만약 누군가와 만나 이야기를 나누는 것이 망설여진다거나 나의 본모습을 남에게 내보이는 것이 싫다면 굳이 누군가와 대면하지 않아도 된다. 지금은 소셜미디어가 발달한 21세기다. 세상의 멋진 인물들이 나와 만나기 위해 다양한 채널을 열어두고 있다. 내가 진정으로 원하는 세상에 이미 도달한 그들의 세계 속으로 한 발 내딛는 순간 새로운 세상이 열리게 된다.

소통을 위해
필요한 것
《나무와 말하다》

남낙현 씨가 쓴 《나무와 말하다》라는 책은 '나무와 통하는 5가지 대화법'이란 부제를 가지고 있다. 일반적인 시각으로 본다면 나무와 대화를 한다는 건 말도 안 되는 일이다. 그런데 누군가는 나무와 대화를 한다. 이것을 어떻게 해석해야 할까?

어떤 가능성이든 부정해 버리면 받아들일 수 없다. 나무는 말을 하지 않으니 대화가 될 리 없다고 여기면, 나무와의 대화란 터무니없는 일이 된다.

영화 '컨택트'를 보면 외계인이 나온다. 비행 물체를 타고 왔으니 문명을 가진 생물체다. 지구인들은 그들이 지구에 온 목적을 알아내기 위해 그들과 대화를 시도한다. 그들이 보여주는 각종 신호들을 지구 메시지로 바꾸기 위해 연구를 거듭하는 장면이 나온다.

외계인과 지구인이 대화가 될 리가 없다고 단정해 버리면 외계인의 메시지는 절대로 읽을 수 없다. 외계인들이 인간이 쓰는 말과 문자를 모른다고 해서 그들이 아무 생각도 없는 존재는 아니다. 소통의 매개체가 없다고 해서 그들에 대한 편견을 가져서는 안 되는 일이다.

채사장이 쓴 《지적 대화를 위한 넓고 얕은 지식》에 재미있는 비유가 나온다. 현대 철학의 거물 비트겐슈타인이 그의 책 《철학적 탐구》에서 한 말이다.

> "사자가 말을 할 수 있다고 하더라도 우리는 그 말을 이해할 수 없다."

삶의 방식이 다르다는 것이다. 주어진 환경과 살아온 경험이 다르면 같은 말을 해도 서로 이해하기 힘들다.

자, 그럼 나무와의 대화로 다시 돌아가 보자. 나무는 외계인처럼 인간의 언어를 구사하지 못한다. 나무만의 표현 방법이 있을 것이다. 그것을 인간이 쓰는 메시지로 바꾸는 것은 인간이 할 일이다. 그리고 나무는 우리와 다른 삶을 산다. 나무만의 삶이 있다. 절대로 인간과 같을 수 없다. 그러니 설사 나무와 말이 통해도 우리는 나무의 말을 이해할 수 없다.

불가능한 나무와의 대화는 어떻게 해야 가능해질까? 방법은 두 가지다. 첫째는 나무가 말하는 메시지를 느끼는 것이다. 나무가 어떻게 표현하는지 알 수는 없다. 단지 우리가 느끼는 대로 우리말로 바꾸어 볼 뿐이다. 둘째는 나무의 입장이 되어 보는 것이다. 인간이 아니라 나무가 된 나를 상상해 본다.

영국의 나무조각가 데이비드 내시가 한국에 온 이후 한 인터뷰에서 이런 얘기를 했다. "나무의 말에 귀 기울여 그 뜻을 조각합니다." 나무가 무슨 말을 하는지 느낌으로 알아낸다는 말이다. 《나무는 나무라지 않는다》를 쓴 유영만 교수는 책에서 말한다. 나무를 아는 것은 나무를 느끼는 것의 절반만큼도 중요하지 않다고 말이다.

나무와의 대화는 이런 것이다. 내가 느끼는 대로 나무의 말을 이해하는 것이다. 물론 그 느낌을 받기 위해 온전히 나무에게만 집중하는 노력이 필요하다.

나무의 입장에 서 보는 것도 좋은 방법이다. 삐쩍 말라 보이는 나무를 보고 야위었단 생각, 가만히 서 있는 나무를 보고 힘들겠다는 생각을 하는 것은 철저히 인간 위주의 생각이다. 나무와 대화를 하려면 나무 입장을 공감할 수 있는 따뜻한 감성이 필요하다.

"에이~ 사람이 나무와 대화를 어떻게 해!"라고 치부해 버리는 순간, 모든 가능성은 닫혀 버린다. 나무와의 대화가 불가능해지는 것이다. 나무 또한 생명체이기 때문에 나무가 보내는 신호가 분명 있다. 그 신호를 어떻게든 받아들이려면 나무에게 열린 마음으로 다가서야 한다. 관심을 가지고 봐야 한다. 편견으로 똘똘 뭉친 상태로는 아무런 신호도 받을 수 없다.

> 내 앞에 작은 나무 한 그루가 서 있다면 그것에 집중하는 것,
> 이 행동이 나무에 다가서는 방법이다. (p.111)

어떤 상대를 대하든 마찬가지다. 내 입장에서만 생각하며 대화를 나누면 소통은 불가능해진다. 상대방에게 열린 마음으로 다가서고, 상대의 입장을 이해하려고 노력할 때에만 소통이 가능해진

다. 불통은 사람과 나무사이에서만 일어나는 게 아니다. 사람과 사람 사이에서도 불통의 상황은 흔하게 일어난다.

　말이 통한다고 해서 소통이 되는 건 절대 아니다. 각기 다른 경험을 가진 사람들끼리 소통이 잘 될 리가 없다. 상대는 나와 다르다는 인식에서 출발해야 소통의 실마리를 풀어나갈 수 있다. 상대방의 입장을 충분히 공감할 수 있어야 대화가 가능해진다. 그래서 소통의 달인이 되면, 상대가 누구라도 대화를 할 수 있다. 그 상대가 나무라고 하더라도 말이다.

기억을 모두 잃는다면
인간이라고 할 수 없다
《살인자의 기억법》

　　　　　　　　　　한 권의 책을 제대로 읽어내는 것이 얼마나 힘든 일인지 독서를 좀 해본 이들은 알고 있다. 그냥 읽어내는 게 아니라 '제대로' 읽는 방법에 대해 말하는 것이다. 마지막 장을 넘기고 나서 뭘 읽었는지 잘 기억이 나지 않는 경우가 허다하다. 글로 새겨진 내용들을 정보량으로 계산해 보면 제법 많은 양이 책 한 권에 담겨 있다. 그 내용들은 읽는 속도에 비례해 눈앞에서 휙 하고 지나가므로 모두 다 머릿속에 담아두기란 불가능하다. 그래서 많은 독서가들이 책을 반복해서 읽고 생각하고 필사하라고 한다. 그래야 책 내용을 내 것으로 만들 수 있다고 말한다.

　　일상생활도 마찬가지다. 무심코 살다보면 내가 하루 종일 무엇을 하고 보냈는지 기억나지 않을 때가 종종 있다. 워낙 많은 일들을 겪다보니 그럴 수도 있지만 아예 주의 집중을 하지 않기 때문이기도 하다. 단순히 두뇌의 기억 속에 남아있는 것들에 일상이라는 이름표를 붙인다면 아마도 우리 삶은 기억에도 없는 공백들로 가득 차게 될지도 모른다. 우리의 뇌는 기억에 남길 필요가 없는 일상의 조각들은 무시해 버린다. 바쁜 하루를 보내고도 공허함을 느끼는 이유다.

김영하의 《살인자의 기억법》에는 알츠하이머를 앓으며 기억과 싸우는 연쇄 살인범이 나온다. 살인을 저지르고 시체들을 암매장하고도 운 좋게 체포되지 않고 공소시효를 넘긴 살인자다. 그런데 이젠 다른 살인범으로부터 자신의 딸을 지켜내야 하는 아버지의 입장으로 바뀐다. 문제는 매순간 자신이 왜 여기에 있는지, 뭘 하고자 했는지조차 기억하지 못할 정도로 병세가 악화된다는 것이다. 살인자의 얼굴도 자꾸 잊어버리게 된 그는 필사적으로 현재를 기록하고 녹음하면서 기억을 이어가려고 한다. 독자는 마치 그와 똑같이 알츠하이머 병자가 되어 이어지지 않는 기억의 파편들에 의존해 위기 상황을 분석하고 힘든 상황을 함께 헤쳐 나가야 하는 묘한 입장에 처한다.

기억나지 않는 것들의 의미를 필사적으로 읽어내야 하는 살인자의 기억법에 관한 이야기. 딸을 죽이려는 살인자의 얼굴을 자꾸만 잊고, 그 살인자를 죽이려는 마지막 살인 계획마저도 망각하게 되는 위기감과 안타까움 속에서 시간의 연속성에 대한 고찰은 더욱 커진다.

망각이 만들어낸 일상의 공백들이 커질수록 그의 시점으로 상황을 판단해야 하는 독자들의 머릿속은 차츰 혼란스러워진다. 기억이 정확하지 않으면 지금 일어나는 모든 일들이 도대체 어떤 의미인지조차 분간하기 힘들다. 결국 사람은 과거와 현재의 기억, 미래에 대한 생각들이 이어지지 못하면 사람답게 살지 못한다는

사실을 깨닫게 된다.

그래서 《살인자의 기억법》에 나오는 다음 구절은 우리에게 큰 울림을 준다.

> 오디세우스는 끝까지 망각과 싸우며 귀환을 도모했다. 왜냐하면 현재에만 머무른다는 것은 짐승의 삶으로 추락하는 것이기 때문이다. 기억을 모두 잃는다면 더는 인간이랄 수가 없다. 현재는 과거와 미래를 연결하는 가상의 접점일 뿐, 그 자체로는 아무것도 아니기 때문이다. 중증 치매 환자와 짐승이 뭐가 다를까. 오디세우스는 그것을 거부했던 것이다. 어떻게? 미래를 기억함으로써. 과거를 향해 나아가겠다는 계획을 포기하지 않음으로써. (P.117)

현재에 몰입해 정신없이 살다보면 과거의 기억과 자신이 꿈꾸던 미래에 대한 기억을 망각하고 살 때가 많다. 잠시 여유를 가지고 숨을 돌릴 즈음에 기억나는 것들, 인생을 가치 있게 만들어주는 것들에 대한 기억들이 일상에 포함되지 않는다면 삶 자체가 자신이 의도한 것과 달라진다. 순간순간의 필요에 따라 삶의 방향이 바뀔 수밖에 없다. 지금 당장 떠올리지 못하는 기억들 때문에 치매 환자처럼 기억에도 남기지 못할 일상을 살아내고 있다면 의사의 진단이 없더라도 치매 환자와 다를 게 없지 않을까. 나를 애타게 기다리는 미래를 위해 지금 당장 해야 할 일들이 무엇인지 기억노트를 만들어 적어 둬야 할 판이다. 죽음의 문턱에서 '이건 아니었잖아'라고 허망해 하기 전에.

지치면 지고
미치면 이긴다
《수레바퀴 아래서》

몇 년 전, 부산토박이였던 내가 본사로 발령이 나 서울생활을 처음 시작하게 됐다. 갑작스런 인사 발령에 무척 당혹스럽기도 했고, 생소한 환경과 처음 맡게 된 업무에 대한 두려움 때문에 불안감이 무척이나 컸다. 남쪽의 날씨와는 대조적으로 살을 에는 듯한 추위가 가뜩이나 찬바람이 쌩쌩 불던 내 마음을 더 얼어붙게 했다. 이런 일로 두려움을 느끼고 어리광 피우듯 볼멘소리를 할 나이도 아닌지라 누구에게 하소연할 수도 없었다. 서울로 떠나는 기차의 출입문이 덜컹하고 닫힐 때 플랫폼에 서서 나를 배웅하며 끝내 눈물짓던 아내만이 내 심란한 마음을 이해하는 듯했다. 시간이 모든 걸 해결해 줄 거라 스스로를 다독이며 보낸 시간이 어느덧 수년이 지났다. 수많은 우여곡절을 겪으며 보낸 시간이었고, 여전히 고군분투하며 하루하루를 살아가고 있다. 녹록치 않은 업무 때문에 좌절하곤 하지만 그때마다 나를 일으켜 세워주는 말이 있다. 가수 싸이가 세계적인 인기 스타로 공중부양하기 전 어느 인터뷰에서 했던 말이다.

'지치면 진다. 미치면 이긴다.'

처음 이 말이 가슴에 와 닿았던 건 뭐든 미친 듯 몰입하고 싶다는 생각과 맞물렸기 때문이었다. 그런데 시간이 갈수록 지쳐가는 나에게 힘을 주는 말이 됐다. 지치면 진다는 것. 무슨 일이 있어도 지쳐 나가떨어지지 말아야겠단 생각으로 무장하는데 도움을 준 말이다.

헤르만 헤세의 《수레바퀴 아래서》를 읽으며 제일 먼저 떠올렸던 책이 있다. 바로 대한민국에서 상처받고 방황하는 아이들과 그 부모들의 이야기를 다루었던 《대한민국 부모》라는 책이다. 이 책에는 숨 막히듯 조여 오는 공부와 성적의 압박감에 누구에게도 의지하지 못하고 속으로 울고 있는 아이들의 이야기가 담겨 있다. 나는 그 이야기가 똑같은 환경 속에서 자라고 있는 내 아이들의 이야기가 될지 모를 거란 생각에 섬뜩해졌다.

어른들과 사회가 만들어 놓은 틀에 맞춰 살아야만 인정받는 환경에서 아이들은 자기 자신으로 살기를 포기하고 어른들이 일방적으로 만들어낸 삶을 살기 위해 하루 대부분의 시간을 보내고 있다. 다람쥐 쳇바퀴 같은 아이들의 일상을 가만히 들여다보면 어른인 나조차도 배겨낼 재간이 없어 보인다. 지친 아이들은 낙오자가 되어 방황하고, 그나마 적응하는 아이들조차 미쳐가고 있는 중인지도 모른다. 정작 꿈에 미쳐 훨훨 날아야 할 아이들이 방향감각을 잃고 헤매고 있는 것이다. 이런 아이들에게 '지치면 안 돼, 미쳐야만 해낼 수 있어'라고 등을 떠밀면 아이들은 정말 미쳐버릴지도 모른다. 정작 미쳐야 할 일에는 눈길조차 주지 못한 채.

"그럼, 그래야지. 친구, 아무튼 지치면 안 되네. 그렇지 않으면 수레바퀴 아래 깔리고 말 테니까." _(P. 119)_

한스 기벤라트는 아버지와 주위 모든 사람들의 기대를 한 몸에 받던 학생이었다. 그리고 그 기대에 부응해 우수한 학생들만이 갈 수 있다는 신학교 입학시험에 합격하는 기쁨을 누리게 된다. 신학교에 입학만 하면 미래가 보장될 거라는 기대와는 달리 한스는 하일너라는 친구와 어울리며 성적과 무관한 생활을 하며 자신의 의지가 이끄는 대로 생활하게 된다. 그로 인해 성적은 곤두박질치게 되고 이를 보다 못한 교장이 그를 불러 했던 말이 위의 인용문이다. 지치지 말라는 이야기. 그렇지 않으면 수레바퀴 아래에 깔리고 말거라는 이야기. 그리고 불량한 하일너와는 친하게 지내지 말라고 교장은 경고한다. 신학교에서 하일너는 자신이 하고 싶은 일에 미친 아이였고, 한스는 지쳐가는 아이였다. 둘은 친한 친구였지만 다른 성향을 가지고 있었다. 학교는 미친 아이보다는 지친 아이에게 손을 내밀었지만 지쳐가는 아이에게 아무런 자극도, 동기부여도 해 주지 못했다. 한스가 왜 수레바퀴 아래에 있는지 알 수 없었기 때문에 그 누구도 한스에게 구원의 손길을 내밀 수 없었던 것이다. 아무나 갈 수 없었던 신학교에 입학한 것이 한스에게는 오히려 독이 되어 자신이 서 있어야 할 곳을 잃고 수레바퀴 아래로 들어서는 계기가 된 것일지도 모른다.

손에 넣고 싶은 삶의 모든 것과 매력이 에마와 함께 다가왔다가 심술궂게 다시 미끄러져 사라진 느낌이었다. _(P. 192)_

한스가 에마라는 아이와 서로 사랑을 나누게 되는 순간, 침울하기만 했던 그의 일상에 생기가 돌기 시작했다. 한스의 지쳐 있는 일상에 새로운 전기가 될 순간이었지만, 소극적이었던 그의 태도 탓인지 둘의 극적인 만남은 순간의 불장난처럼 끝을 맺는다. 아버지와 남들의 기대에 부응하기 위해 정작 자신을 표현하는 힘과 용기를 잃어버렸던 한스는 한 소녀와 사랑을 나눌 때에도 자신의 욕구에 온전히 몰입하지 못하는 우유부단함을 보였다. 결국 떠나간 소녀를 향한 사랑의 아픔 때문에 한스는 고통스러워한다. 남들이 바라는 대로 살아온 삶의 궤적이 자신이 원하는 일에는 소극적일 수밖에 없게 만든 것이다.

푸른 작업복을 입은 금속기술자 지망생 한스로 변모하며 탈출구를 찾아보려 하지만 그 역시 그가 바라던 것이 아니었고, 한스는 주위의 시선 때문에 더욱 비참함을 느끼게 된다. 롤러코스트를 타고 꼭대기로 치달았던 한스는 스스로 허물어지면서 수레바퀴 아래에 지쳐 쓰러져 버린다. 술에 취해 신음하던 그에게 극단의 선택은 어려운 것이 아니었음을 짐작케 한다. 그의 의지였던 아니었던 간에 말이다.

직장인인 나나 공부에 전부를 거는 아이들이나 똑같이 수레바퀴 아래에 깔려 있는 처지다. 그리고 단순히 의지해왔던 '지치면 진다'는 구호는 힘들어서 내는 신음소리일 뿐이란 생각을 갖게 한다. 수레바퀴를 벗어나 훨훨 날 수 있는 길은 미칠 수 있는 꿈을 꾸는 일이다. 꿈을 좇는 일에 미칠 때 날개를 달고 비상할 준비를 할 수 있다. 꿈을 향한 활주로에 들어섰다가 쓰러지더라도 다시 일어나 달리면 된다.

'미치면 이긴다'는 말에 무게를 두고 살아야 한다. 지치면 진다는 소극적인 삶의 방식이 아닌, 미치면 이긴다는 적극적인 삶의 태도를 가져야 한다. 이렇게 희망을 가지고 살 수 있을 때 미래의 희망인 우리 아이들에게도 든든한 지원자가 되어 줄 수 있다. 수레바퀴 아래에 깔려 손을 내밀 수는 없을 테니 말이다.

정신은
늙지 않는다
《노인과 바다》

　　　　　　　　본사를 방문한 신입사원과 저녁식사를 하는 자리였다. 대화를 나누던 중 한 여직원 아버지의 나이가 화제에 오른 적 있다. 이제 초등학생을 키우고 있는 나와 여직원의 아버지가 동갑이었던 것이다. 딸 같은 직원과 함께 일하고 있다는 생각이 드니 왠지 훌쩍 늙어버린 느낌이 들었다. 그런데 최근에 어린 아들 녀석마저 '아빠는 늙어서 어떻다'는 식의 얘기를 가끔 해서 내 속을 뒤집어놓는다. '야! 아빠 나이가 어때서'라는 농담으로 대응을 하면서도 살짝 자존심이 상한다.

　　어린 아들이 이런 얘기를 하도록 내가 원인 제공을 했음이 분명하다. 주말이면 축 늘어져 있거나 곯아떨어져 있는 모습 때문일 수도 있고, '나 잡아봐라' 하며 냅다 뛰는 녀석들을 쫓아가지 못하는 무기력한 아빠의 모습 때문일 수도 있다. 중요한 건 나이 든 아빠의 이미지를 젊고 활기찬 아빠로 바꿔야겠단 결심을 수시로 하게 된다는 것이다. 뭘 해도 좀 더 의욕적인 모습을 보여주기 위해 노력한다. 아빠가 잘 하는 것이 더 많다는 것을 애써 증명해 보이려는 듯이 말이다. 좀 더 어릴 땐 곧잘 하던 것들을 어느 순간 못 할 때, 나이 탓이란 소릴 듣는다. 그것 때문에 자존심이 상하면 그렇지 않다는 걸 보여주기 위해 사력을 다하게 된다.

학창시절에 읽었던 어니스트 헤밍웨이의 《노인과 바다》를 정말 오랜 만에 다시 집어 들었다. 언제였는지 기억이 나지 않을 만큼 오래 전에 읽었던 책이다. 최근에 《노인과 바다》를 다시 구입한 건 이 짧은 소설이 중년의 나이에 접어든 나에게 어떤 의미에서 위대한 고전으로 자리매김할 수 있을지 궁금했기 때문이다. 책을 한번, 두 번 반복해 읽으며 한 인간의 삶을 담은 이 짧은 소설 어떤 부분이 내 삶의 일부와 접점이 될 수 있을지를 애써 찾고 있었다. 그리고 찾아낸 것이 이 문장이다.

> 노인의 모든 것이 늙거나 낡아 있었다. 하지만 두 눈만은 그렇지 않았다. _ (P.10)

노인과 바다에는 비쩍 마르고 야위었으며 목덜미에 주름살이 깊게 패인, 갈색 반점이 얼굴 양 옆으로 길게 번져 있는 초라한 몰골의 노인이 등장한다. 친구라고는 그에게서 고기잡이를 배우는 마놀린이란 꼬마가 전부다. 그 유일한 친구마저도 부모의 성화 때문에 젊고 고기를 잘 잡는 어부의 배를 타러 떠나고 만다. 그도 젊었을 땐 최고의 고기잡이 기술을 자랑하던 베테랑 어부였지만 지금은 몹시 늙어 얼굴에 생기가 하나도 없는 초라한 모습으로 전락하고 말았다. 게다가 84일이나 고기를 한 마리도 잡지 못했으니 베테랑 어부 경력을 가진 그로서는 엄청나게 자존심 상할 일이

다. 하지만 노인에겐 그 어떤 커다란 물고기도 잡을 수 있는 베테랑 기술과 결연한 의지가 있었다. 스스로 늙고 노쇠했다는 걸 알고 있지만 어쩌면 그렇지 않다는 것을 증명하고 싶었을 지도 모른다. 그는 한때 몸집이 아주 큰 흑인과의 팔씨름에서 이겼을 뿐만 아니라, 오랫동안 사람들로부터 '승리자'라 불린 자신감 충만한 젊은이였기 때문이다. 그래서 그는 거대한 물고기와 사투를 벌일 때 위대한 디마지오보다도 더 위대한 젊은이가 되어 있었고, 꿈속에 곧잘 등장했던 사자보다도 더 용맹한 존재가 될 수 있었다. 비록 상어 떼를 만나면서 그가 처한 현실의 벽을 극복하진 못했지만 누군가는 티뷰론이라고 오인할 만한 거대한 물고기를 잡아 베테랑 어부로서의 자존심을 살릴 수 있었다. 그리고 노인은 편안히 사자 꿈을 꿀 수 있게 된다.

인생을 살면서 시간이 흐를수록 잃는 것이 있고, 반대로 새로이 얻는 것들이 있다. 청년과 노년, 어느 쪽이 더 나은가를 따지기 전에 대부분의 사람들은 젊은 시절 자신의 모습에 더 강한 애착을 갖는다. 그리고 사라져가는 것들에 더 집착하는 성향을 보인다. 가능하다면 자신이 건재하다는 것을 보여주고 싶은 것이 인지상정이다.

 이 책을 통해 노인이 거대한 청새치를 잡고 돌아가는 장면에서 원작과는 달리 노인이 안전하게 항구로 돌아와 그가 잡은 물고기를 사람들에게 자랑스럽게 보여줄 수 있으면 좋겠다고 생각했다. 노인 역시 혼자 힘으로 이 거대한 물고기를 잡았고, 84일 간 허탕을 친 무기력한 어부가 아닌 아직 어부로서의 능력을 충분히 발휘할 수 있다는 것을 증명하고 싶었을 것이다. 사람들이 그를 다시 보게 될 것이고, 유일한 친구이자 단짝인 소년과도 다시 일을 시작할 수 있을지 모른다. 예전의 '승리자'의 영광을 다시 누릴 수도 있었을 것이다. 뼈만 남아있는 물고기가 그에게 금전적인 도움이 되진 못하지만 어부로서의 명성을 다시 찾게 해주었다.

 아들 녀석이 별 뜻 없이 던지는 말에 소심하게 대응하기보다 아빠가 아직은 팔팔하고 젊다는 것을 보여 주고 싶다. 더 나이가 들면 아빠로서의 존재감을 갖기 힘든 순간이 분명 올 것이고, 때론 망망대해에서 헤매는 노인처럼 아빠로서 아무 역할을 못하는 시기가 올 것이다. 오랜만에 읽게 된 이 고전소설에서 그런 게 인생이고 사람 사는 거라는 걸 배웠다고 하면 인생을 너무 단편적으로 본 것일까. 한가지 분명한 것은 육체는 늙어도 정신은 절대로 늙지 않는다는 것이다.

좋은 부모를 만드는 무한 긍정의 힘
《너를 있는 그대로 사랑해》

　　　　　　　　　　임신 중인 아이가 다운증후군 고위험군에 속한다는 검사 결과를 받은 부부 이야기를 우연히 TV에서 보게 됐다. 부부는 아내가 노산이기 때문에 지금이 아니면 기회가 없을 것 같아 낳아서 키우려고 한다고 했다. 아이가 태어날 때까지 좋은 엄마가 되기 위해 좋은 생각만 하려고 한다는 예비 엄마의 말에 많은 이들이 박수를 보냈다. 그 선택이 얼마나 힘든 선택일지를 잘 알기 때문에 보낸 격려와 응원의 박수였을 것이다.

　그런데 그 부부에게 정말 힘이 되어주는 이야기를 해준 분이 나타났다. 불치의 장애를 가지고 태어났다가 태어난 지 13일 만에 세상을 떠난 아기의 엄마였다. 아이는 태어나기 전부터 장애 징후가 뚜렷했지만 아기 엄마는 결국 조산을 했고, 부모는 예견했던 불행을 그대로 안고 태어난 아기를 대면해야 했다. 중증장애를 가진 아기지만, 아기를 보는 순간만은 너무나 행복했다고 말하는 엄마. 결국 아기는 13일 만에 엄마 곁을 떠났지만 엄마는 말한다. 아이가 살아있는 동안 최선을 다했기에 아이에게 부끄럽지 않다고.

   소중한 아이가 내 곁에 살아있는 것만 해도 행복한 일이다. 아마 그것은 아이를 잃어 본 부모만이 깨닫는 것일지 모른다. 아이를 잃은 어느 부모가 그랬다. 우리에게 필요했던 아이는, 공부 잘하는 아이, 건강한 아이, 말 잘 듣는 아이가 아니라고. 그냥 곁에 있어주는 아이였다고. 너무 늦게 찾아온 깨달음이었다. 아이가 살아있는 동안 그걸 깨달았다면 분명 아이를 대하는 태도, 말 한마디가 평소와는 달랐을 것이고, 아이를 잃고 후회하는 일은 없었을 텐데 말이다.

   《너를 있는 그대로 사랑해》라는 책의 제목을 보고 부모의 마음가짐에 대해 생각하게 됐다. 내가 아이들을 소중하게 생각한다면 평소에 아이들을 그렇게 대해야 한다는 사실. 그런데 이 당연한 것을 실행하지 못할 때가 많다. 많은 부모들이 그런 실수를 한다. 특히 아이들이 부모 바람대로 되지 않을 때 그렇다. 육아법에 대해 제대로 배우지 않고 아이를 키우는 부모들 대부분이 같은 실수를 한다. 자녀를 키운다는 것이 어떤 것인지 깊이 생각할 여유조차 없이 바쁘게 살다 보니 좋은 부모 노릇을 못하고 있다.

   황수빈의 《너를 있는 그대로 사랑해》는 뇌전증을 앓는 아이를 키우는 엄마의 고통이 단어와 문장에 그대로 묻어나는 책이다. 우리는 사는 것이 고통스러울 때, 마치 삶의 밑바닥에 내동댕이쳐진 것처럼 느껴질 때 비로소 내 안에 숨어 있던 지혜들을 만난다. '우리는 고통을 겪어야만 진정으로 영혼 속에 살게 된다.'고 했던 톨스토이의 말에 저절로 공감하게 된다.

   이 책에서 저자는 힘겨운 육아를 감당해야 하는 아픔을 겪는 과정 속에서 스스로 철학자가 되어 간다고 말하고 있다.

> 사람이 성숙해지는 길은 여러 가지가 있겠지만 그중 엄마의 길을 택해봄 직도 하다. 성숙한 사람이 되고 있는 나 자신만큼 훌륭한 훈장이나 스펙은 없다. (P.193)

이 책을 끝까지 읽고 나니 앞서 말한 부모들의 이야기가 떠올랐다. 아이가 다운증후군 고위험군이라는 판정을 받아서, 아이가 희귀병을 가지고 태어나서, 아이가 뇌전증을 앓고 있어서 경험하는 것들은 분명 무심하게 인생을 사는 사람들이 절대로 깨닫지 못하는 삶의 본질에 관한 것이다. 주어진 삶을 불행이라 여기면 불행이고, 행복이라 여기면 행복이 될 수 있다는 사실도 이 책에서 배울 수 있는 교훈이다.

아이에게는 아무런 잘못이 없다. 아이를 대하는 부모의 태도에 문제가 있는 경우가 대부분이다. 아이에게 부끄럽지 않은 부모가 되겠다는 결심. 좋은 아빠, 좋은 엄마가 되겠다는 결심만으로 우리는 일순간에 생각과 태도를 바꿀 수 있다. 아주 쉬운 일인데도 그렇게 하지 못하는 건, 우리가 아이를 낳고 키우는 동안 그렇게 조언해 주는 사람이 주변에 없기 때문이다. 이 책 《너를 있는 그대로 사랑해》가 그런 역할을 한다. 무한 긍정의 힘을 얻은 작가가 힘겹게 얻어낸 행복한 육아에 대한 기록이 고된 육아를 하는 많은 부모들에게 힘이 되어줄 거라 믿는다.

책을 읽는 것은
삶을 읽는 것
《시골에서 책 읽는 즐거움》

두 사람이 달리기 시합을 했다. 경기가 시작되자 한사람이 빠르게 앞서기 시작한다. 그리고 쏜살같이 달려 결승점을 통과했다. 이겼구나 생각하며 뒤를 돌아보니 희한한 광경이 보였다. 뒤따라오던 사람이 마치 춤을 추듯 달려오고 있는 것이다. 그리고 결승점을 통과하며 외쳤다. '내가 이겼다!' 하고 말이다. 먼저 뛰어온 사람이 어이가 없어 물었다. 내가 먼저 들어왔는데 왜 당신이 이겼냐고. 그러자 상대가 그런다. '내가 더 아름답게 뛰었기 때문에 내가 이긴 거다.'라고.

나를 포함한 현대인들은 조급증 환자 같다. 무조건 빠른 결과를 원한다. 어떤 과정을 거치든 빠르기만 하면 된다. 그 중 한 가지가 독서다. 마치 누군가와 경쟁이라도 하듯 책을 읽는다. 무조건 빨리 읽고 많이 읽어 내는 독서를 한다. 어떤 책을 왜 읽었고 왜 유익했는지를 꼼꼼하게 따져보지 않는다. 음미하며 읽지 않는다. 한번 읽어낸 것으로 만족한다. 그래서 책꽂이에 꽂혀버린 책은 다시 볼일이 없다. 속도전에 잠시 참여한 책일 뿐이다.

물론 모든 책을 문학책 읽듯이 문장의 향기를 음미하며 읽을 필요는 없다. 책마다 독서법을 달리해서 읽어야 한다. 하지만 무작정 빨리 읽어내는 독서가 유익한지에 대해서는 생각해 볼 문제다. 권 수만을 채우는 독서가 도움이 되는지 말이다. 그리고 책을 한번 읽어내는 것이 어떤 의미를 지니는지도 고민해 봐야 한다. 이렇게 따지고 들면 과연 책을 읽는 것이란 무엇이며, 왜 읽어야 하는지, 어떻게 읽어야 하는지를 고민하게 된다.

최종규의 《시골에서 책 읽는 즐거움》을 읽다가 문득 이런 생각을 했다. 시골에서 책을 읽으면 뭐가 다를까? 시골에서 책을 읽는 즐거움은 무엇일까? 제목이 주는 의문이다. 그래서 이런 제목을 가진 책이 있다고 가정해 봤다. 《도시에서 빠르게 책 읽기》. 이렇게 놓고 보니 알겠다. 《시골에서 책 읽는 즐거움》은 느림의 책 읽기, 풀내음 나는 책 읽기, 여유 있는 책 읽기, 아름답게 사는 책 읽기다. 속도에 강박관념을 가진 도시인의 책 읽기와 바로 대비된다.

이 책을 읽으며 떠올렸던 말이 '책은 도끼다'라는 말이다. 《시골에서 책 읽는 즐거움》은 속도에 조급증을 가지고 살던 나의 생각을 깨는 도끼 역할을 했다. 우리는 사람과 삶, 그리고 세상을 이해하기 위해 책을 읽는다. 그런데 매일 눈앞을 스치는 신간들을 볼 때마다 강박관념을 갖는다. 책을 빨리 손에 넣고 바쁘게 읽어내려고 한다. 나의 내면을 살찌우는 책, 나와 세상을 이해하기 위한 책을 읽는 것이 아니라 남들이 하니까 나도 한다는 식의 따라하기 독서를 하고 있는 것처럼 느낀다.

> 저는 시골에서 살며 책을 읽습니다. 제가 읽는 책은 몇 가지로 나누어 볼 수 있으니, 먼저 종이로 된 책이 있습니다. 다음으로 숲이라는 책이 있습니다. 여기에 마음이라는 책이 있어요. 덧붙여 이야기라는 책이 있습니다. (P.8)

여유로움이 한껏 느껴지는 시골길을 걸어본 적이 있다면 거기서 느꼈던 편안함을 온몸이 기억하고 있을 것이다. 이 책 《시골에서 책 읽는 즐거움》을 읽고 있으면 그런 경험이 떠오른다. 마치 시골 마을에 들어와 한껏 여유로움을 안고 책을 읽는 느낌이다. 전남 고흥군 도화면 동백마을에서 도서관학교 숲노래를 꾸리고 있는 저자가 그곳에 살며 사랑하며 느끼며 읽었던 책 이야기기 때문이다. 여기에 종이로 된 책뿐 아니라 숲이라는 책, 마음이라는 책, 이야기라는 책 이야기가 모두 포함되어 있다.

분주하고 틀에 박힌 도시의 삶을 떠나 시골에 자리 잡은 저자의 일상에 대한 이야기와 그 속에서 이어지는 책 읽기에 대한 이야기가 잘 어우러진 책이다. 시골 향기가 가득한 책이고, 풀냄새, 바람 냄새, 사람 냄새가 풀풀 나는 책이다. 어린 시절 시골길을 뛰어다니던 추억을 떠올리게 해준다. 저자와 똑같이 여유로움 속에서 책을 읽을 기회를 갖기는 힘들지만 책 읽기가 마음의 안정을 찾고, 내면을 풍요롭게 채워가는 과정이라는 사실을 이 책에서 배울 수 있다.

얼마나 책을 많이 읽고 얼마나 빨리 책을 읽느냐가 중요한 게 아니다. 삶 또한 마찬가지로 빨리 달리는 게 능사가 아니다. 어떻게 달리느냐가 중요하다. 일상이 곧 독서와 같을 수 있고 독서가 곧 일상이어야만 한다. 우리 일상과, 우리 삶과 상관없이 무심하게 하는 독서는 그냥 시간 낭비일 뿐이다. 일상 속에서 더욱 풍요롭게 사는 방법, 그 속에서 올바른 독서의 길을 찾는 방법을 이 책을 읽는 동안 배우게 된다.

> 백 권을 읽든 만 권을 읽든, 책읽기는 삶읽기로구나 하고 늘 깨닫습니다. 삶을 읽지 못한다면, 제아무리 많다 싶은 책을 읽는다 하더라도 '읽기' 아닌 '훑기'를 한 셈이요. 삶을 읽을 수 있으면 한권이나 열권을 읽었다 하더라도 사랑과 꿈을 가슴에 품을 수 있으리라 느낍니다. _(P.155)

모든 행복과 불행은
마음속에 있다
《수상한 고물상, 행복을 팝니다》

'행복한 가정은 모두 모습이 비슷하고, 불행한 가정은 모두 제각각의 불행을 안고 있다.'

톨스토이가 쓴 《안나 카레니나》의 첫 문장이다. 비슷비슷한 행복은 눈에 잘 들어온다. 행복한 모습을 주위에서 찾기는 쉽다. 그래서 다른 사람들은 모두 행복해 보인다. 대신 불행은 제각각이라 눈에 잘 들어오지 않는다. 불행은 은밀한 고민이기에 그럴 수밖에 없다. 그런 이유로 우리 눈에는 행복한 모습만 보이기 마련이다. 우리가 행복하지 않은 이유다.

다른 사람들의 행복한 모습을 더 자주 자세히 볼 수 있게 됐다. 방송과 SNS를 통해 더 많은 사람들의 이야기를 손쉽게 접한다. 모두가 겉보기에는 행복하다. 반대로 비교와 판단에 능숙한 우리는 상대적으로 불행을 느끼기 쉬워졌다. 불행은 이처럼 남들의 행복한 모습, 나보다 더 잘난 모습을 보면 쉽게 우리 속으로 파고든다. 그들의 겉모습만 보고 그들의 삶을 동경하면 그렇게 된다. 그런데 보이는 게 전부일까? 그들의 삶 속에는 오직 행복만 깃들어 있을까?

나보다 행복해 보이는 사람들의 일상을 내가 직접 경험해 볼 수 있다면 상황은 달라질 수 있다. 이 세상 누구라도 제각각의 불행을 안고 살기 때문이다. 그것은 잘 드러나지 않기 때문에 그 사람이 아니면 알 수가 없다. 온전히 그 사람의 입장이 되어 보기 전에는 말이다. 만일 사람들이 겪는 불행이 다 드러난다면 무작정 누군가를 부러워하는 일은 없을 것이다. 누군가의 삶을 살아보고 싶다고 꿈꾸지도 않을 것이다. 정 의심스럽다면 타인의 삶 속으로 일단 들어가 보면 된다. 상상을 해서라도 말이다.

그런 상상을 가능하게 한 책이 있다. 이서윤 작가가 쓴 《수상한 고물상, 행복을 팝니다》. 이 책이 마법과 같은 일을 가능하게 했다. 원한다면 내가 원하는 삶을 사는 누군가를 대신해 그의 삶을 살아보는 경험을 할 수 있다.

내가 꿈꾸던 행복을 누리는 친구가 있다. 그러면 그 친구의 삶을 잠시나마 대신 살아볼 수 있다. 실제 그 사람이 되어 그 사람의 일상을 살아보는 것이다. 내가 부러워하는 삶을 사는 그 사람은 과연 내가 상상한 것처럼 행복한 걸까? 불행한 일은 티끌만큼도 없을까? 눈에 보이는 것이 전부였을까?

정답은 완벽하게 행복한 사람은 세상에 없다는 것이다. 어쩌면 내가 느끼는 불행보다 더한 불행을 안고 사는 사람이 더 많을 수도 있다. 정도의 차이는 있지만, 누가 더 불행한지를 측정할 수는 없지만, 산다는 것은 곧 행복과 불행이 함께 하는 것이란 걸 알게 된다.

이 책 《수상한 고물상, 행복을 팝니다》를 읽고 나면 이런 결론에 도달한다. 내가 부러워하는 누군가의 삶 속에는 그들만의 불행이 분명 있다고 말이다. 겉으로 보이는 게 다가 아니란 사실을 말이다. 이 책은 교실 속 우리 아이들의 고민과 그로 인해 불행하게 느끼는 아이들 이야기가 나온다. 그리고 그들이 느끼는 불행은 단지 상대적일 뿐이며 자신들이 동경하는 누군가의 삶 속에도 내가 보지 못한 제각각의 불행이 있다는 사실을 재미있는 이야기로 풀었다. 나만 방황하고 고민하고 불행을 느끼는 게 아니란 사실을 깨닫게 해준다.

'모리스 마테를링크'가 쓴 명작 《파랑새》의 두 주인공 '틸틸'과 '미틸'을 떠올리게 된다. 행복이라는 이름의 파랑새를 찾아 모험을 떠나지만 힘든 여정 끝에 깨달은 것은 파랑새는 자신과 가장 가까운 곳에 있다는 사실을 보여준 이야기.

행복과 불행은 결국 동전의 양면과 같다. 어느 쪽을 바라보고 사느냐는 나의 선택이며, 그 선택에 따라 나의 행불행은 결정된다. 문득 누군가의 행복한 모습에 상대적인 박탈감이 들 때, 그게 전부가 아니라는 사실만 떠올릴 수 있어도 불행에 대한 면역력이 생길 것이다.

인생을 이해하는
또 다른 관점
《당신, 전생에서 읽어드립니다》

깊이 생각하게 하는 시가 한 편 있었다. 제목은 '삶이 하나의 놀이라면'이다. 체리카터 스코트의 이 시는 인생에 대해 생각해 보고 자신의 삶을 돌아보게 한다. 이 시는 이렇게 시작한다.

> 삶이 하나의 놀이라면 이것이 놀이의 규칙이다.
> 너에게 육체가 주어질 것이다.
> 좋든 싫든 너는 그 육체를
> 이번 생 내내 가지고 다닐 것이다.

혼자서 가끔 그런 생각을 했다. 우리 육신에 깃드는 영혼들은 육체가 소멸하면 영혼의 세계로 돌아갔다가 또 다른 생명이 탄생하는 순간에 육체를 배정 받아 다시 태어나는 게 아닐까? 그래서 영혼은 이 세상에 태어날 때 전생에서 이루지 못했던 소망들을 이루겠다는 결심을 하고 태어난다. 지난 삶의 잘못을 교정하려고 말이다. 그런데 문제는 우리가 태어나면서 그 사실을 까맣게 잊는다는 것. 어떤 삶을 살아야 하는지를 살면서 다시 깨달아야 한다는 것이다.

이런 생각을 받아들이면 살면서 올바른 선택을 할 수 있다. 죽어서도 후회 없는 삶을 살아야 한다는 기준이 일단 생기기 때문이다. 이것은 삶을 전체적으로 조망하고 지혜롭게 살 수 있도록 도움을 준다. 인간의 생은 단 한번으로 끝나는 것이 아니고 반복되는 삶을 통해 잘못을 교정하는 과정이라고 여기면 이번 삶은 정말 중요한 의미로 다가오게 된다.

물론 이런 관점을 받아들이기 쉽지 않다. 인간의 사후 세계가 어떨지 증명해 낼 길이 없기 때문이다. 단 한번의 삶을 살고 마는 것인지, 윤회론이 말하는 것처럼 또 다른 삶을 살게 되는지. 대부분의 사람들이 윤회를 인정하지 않는다. 태어나서 죽음에 이르는 과정은 우리가 직접 체험하고 공유하는 부분이지만 사후에 어떤 과정을 거치게 되는지는 알아낼 방법이 없기 때문이다. 최소한 과학적이고도 합리적인 방법이란 잣대를 갖다 댄다면 말이다.

이 책 《당신, 전생에서 읽어드립니다》는 전생에 대해 이야기하는 책이다. 우리 모두 전생을 살아내고 다시 이 세상에 와 있다고 말한다. 전생에 대해 아예 부정하는 사람이 아니더라도 이 책의 제목에 끌리기는 쉽지 않으리란 생각이 든다. 처음 이 책의 이미지를 봤을 때 내가 그랬다. 미신이란 느낌을 준다. 저자가 신내림을 받은 사람이란 생각까지도 했다. 그래서 내가 읽어볼 일이 없을 거라 여겼던 책인데 우연히 저자의 인터뷰 동영상을 보면서 생각을 바꿨다. 그리고 이 책을 읽고 난 후 전생에 대한 생

각을 아예 바꾸게 됐다. 게다가 자주 이런 생각을 한다. 나는 전생을 어떻게 살았기에 이번 삶을 부여받았을까? 내게 일어나는 모든 일들은 전생과 무슨 상관이 있는 걸까? 이런 고민들을 하는 사람들이 저자인 박진여 씨를 찾는다고 생각한다. 저자는 하루 5~6명씩 지난 15년 동안 1만 5,000여 명에 달하는 사람들의 전생을 읽어 왔다고 한다. 이 책은 저자 자신의 이런 경험 이야기와 그로 인해 깨닫게 된 것들을 정리하고 있다.

 책을 읽기 전에는 이 책에 대한 독자들의 호불호가 명확할 거라고 생각했다. 전생을 믿느냐 믿지 않느냐가 그 기준이 될 가능성이 크기 때문이다. 솔직히 나는 이 책을 읽고 나서 전생이 있을지도 모른다는 생각을 하게 됐고, 그렇게 생각하는 것이 이번 생을 후회 없이 사는 방법이란 사실도 깨달았다. 전생에 내가 잘못한 것을 바꾸는 기회로 이번 생이 주어졌다면 지금 해야 할 일은 좀 더 가치 있는 것들이 될 것이다. 이 책은 지금 이 순간을 살면서 가장 소중하게 여겨야 할 것이 무엇인가를 알려주고 있다.

> 제가 이 책을 쓰게 된 주된 목적을 다시 한 번 밝혔습니다. 전생 리딩은 결국 서로 사랑하고 나누라는 참으로 단순해 보이지만 심오한 진리를 가르쳐준다는 것 말입니다. _(P.23)

서로 사랑하고 타인에게 봉사하며 사는 것이 얼마나 심오한 진리인가를 깨닫게 해주는 책이다. 삶이 힘들다고 느낄 때, 그리고 삶의 방향을 잃고 방황할 때 펼친다면 그런 경험들이 내게 어떤 의미인지를 생각해보게 하는 책이다. 사랑과 봉사와 같은 인생에 있어 소중한 가치들을 추구하며 사는 것이 다음 생의 행복을 예약하는 것이란 사실을 알려 준다. 저자가 책에서 말한 것처럼 정말 중요한 것은 노후연금이 아니라 사후연금을 준비하는 것이다. 지금의 삶이 소중할 수밖에 없는 이유다.

앞서 소개한 '삶이 하나의 놀이라면'이라는 시는 이렇게 마무리된다.

> 그리고 태어나는 순간
> 너는 이 모든 규칙을 잊을 것이다.

운명은
과학이다
《내가 춤추면 코끼리도 춤춘다》

이정일의 《내가 춤추면 코끼리도 춤춘다》라는 책에는 다음과 같은 내용이 나온다.

> 내가 지금까지 살펴본 사람들의 운명학 데이터를 보면 자신이 타고난 재운의 10퍼센트 정도밖에 활용하지 못하는 사람이 대부분이었다. 즉, 자신이 가진 재운은 거의 쓰지 않고 불운만 잔뜩 끌어다 쓴 경우가 대부분이었던 것이다. _(P.31)

이런 상상을 한번 해보자. 우리 영혼을 세상으로 내보내기 직전 천사가 이런 이야기를 한다. '너는 태어나면서 이미 행운과 재운을 가지고 태어난다. 하지만 그 운은 네가 어떤 삶을 선택하느냐에 따라 네 것이 될 수도 있고 아닐 수도 있다. 그 행운과 재운을 네 것으로 만드는 방법은 바로 이런 저런 것들이다.'

그런데 태어나는 순간 우리는 천사가 해준 모든 이야기들을 잊어버린다. 오직 살아가면서 그것을 깨닫는 방법밖에 없다. 그것을 알아낸 사람만이 주어진 행운과 재운을 자기 것으로 만든다.

이 책 《내가 춤추면 코끼리도 춤춘다》를 읽고 나서 떠올려 본 것이다. 이런 상상조차도 내가 태어나기 직전 실제 들었던 이야기라 내 머릿속에 떠오른 것일지 모른다. 그런데 이런 상상이 아무런 근거가 없다고 누가 장담할 수 있을까? 우리가 살고 있는 이 세상에서 일어나는 일들 중에 실제 우리가 안다고 말할 수 있는 것은 별로 없다. 인간의 상식으로는 이해하기 힘든 것들이 훨씬 더 많다. 그런데도 조금 엉뚱한 상상에 대해 말도 안 된다고 치부해 버리는 사람은 자신이 아는 것이 전부라고 믿는 꽉 막힌 사람이다.

사실 운명학이라고 하면 미신처럼 느끼는 사람이 더 많다. 관상이나 사주는 재미로, 혹은 불안할 때 볼 뿐이지 그것을 철저히 믿고 따르는 사람은 그리 많지 않다. 그래서 운은 믿는 사람만 믿고 그렇지 않은 사람들은 철저히 외면하는 것이다. 운이 좋았다고 하는 사람들의 이야기를 증명해 낼 길이 없기 때문이다. 실제 겪은 사람이 그렇다고 해도 왜 그런지 설명할 길은 없다.

> 스위스가 낳은 세계적인 심리학자 칼 융은 "무의식이 정하는 삶의 방향이 운명이다"라는 표현으로 우리 안에 운명이 들어 있음을 강조했다. 여기서 운명이라는 말은 인간이 갖고 있는 무의식적인 경향이나 에너지를 의미하고, 내가 미처 인식하지 못한 내 안의 사고 패턴이 운명을 만든다는 것으로 해석할 수 있겠다. (P.29)

그런데 이 책을 쓴 이정일 씨는 운명학을 과학이라고 말한다.

그녀는 저명한 심리학자 칼 융이 말한 '무의식'을 통해 운에 접근하고 있다. 즉 무의식에 의한 사고 패턴이 우리의 운명을 만든다는 것이다. 무의식의 힘에 대해서는 이미 접해 본 독자들도 있을 것이다.

무의식이 지닌 잠재력에 대해서는 잘 알려져 있다. 그런데 무의식은 우리 마음대로 조종할 수 있는 것이 아니다. 우리는 평소 의식 수준에서 생각하고 말하고 행동할 뿐이지 무의식이 통제하는 것들에 대해서는 의식하지 못하는 경우가 대부분이다.

운명은 과학이라고 말하는 저자, 그리고 우리 모두는 부자로 태어났다고 말하는 저자. 그는 우리가 스스로 불운을 택함으로 인해 태어날 때 지니고 있던 행운과 재운을 스스로 막고 있다고 말한다. 누구나 부자가 될 수 있는데도 부자로 살지 못하고 있다고 말한다. 우리가 얼마나 쉽게 그리고 무의식적으로 부정적인 기분에 빠지는지를 알고 보면 저자의 말이 하나 둘 수긍이 된다. 쉽게 말해 '웃으면 복이 온다'는 말을 듣고도 우리는 웃는 날보다 웃지 않고 보내는 날이 더 많지 않은가.

> 행운도 불운도 자신이 만드는 것이다. 세상에 우연이라는 것은 없다. 내 생각과 내가 하는 말 모두가 나의 운명을 결정하고, 나의 행운을 부르는 힘이 되기 때문이다. _(P.40)

행운과 재운이 우리 속에 이미 잠들어 있는 게 맞다면 우리는 그걸 깨우는 방법만 알면 된다. 행운과 재운이란 것이 치열하게 노력해서 얻는 게 아니라 내 속에 있는 것을 깨우는 것이라면 우리가 할 일은 명확해진다. 생각 없이 뛰어만 다닐 게 아니라 가끔 내 안에 잠든 운을 깨우기 위해 멈출 줄 알아야 한다는 것이다. 혜민스님의 말씀처럼 운이란 것도 멈춰야 비로소 보이는 것들 중 하나인 셈이다. 스님이 아니라서 멈추기 힘들더란 핑계로 대충 살지는 말자.

이 책에서 저자는 우리 안에 잠든 행운과 재운을 깨우는 방법들에 대해 이야기하고 있다. 내가 가장 관심을 가지고 본 내용도 그것이다. 내가 뭘 해야 그것들을 깨울 수 있는가 하는 것이었다. 생각을 바꾸고, 말을 바꾸고 행동을 바꾸면 운명이 바뀐다는 말은 흔히 듣던 말이지만 이 책을 읽으면서 확신을 갖게 된다. 그리고 실제 그렇게 바꾸면 내 운명도 바뀔 수 있겠다는 믿음들이 생긴다. 최소한 내가 만들 수 있는 에너지는 모두 긍정적으로 바꾸자는 결심부터 하게 된다.

> 살아있는 한 행운이 다가오는 날은 반드시 옵니다. 이 진실을 발견하는 순간 하룻밤 사이에도 기적은 일어나게 마련입니다.
> 가만히 눈을 감고 당신의 모습을 보아야 합니다.
> 인생의 모든 답은 거기에 있으니까요. _(P.218)

놀란 자는 이루고
비웃는 자는 사라진다
《생각의 비밀》

'어떤 말을 만 번 이상 반복하면 말한 대로 된다'는 인디언 속담이 있다. 자기계발서에 자주 등장하는 이 속담은 일만 시간의 법칙만큼이나 많이 회자되는 말이다. 사실 만 번의 말하기는 그리 쉽지 않은 일이다. 실제로 그렇게 해봤더니 결과가 어떻더라고 말하는 사람이 없는 것도 그런 이유일 것이다. 누군가 만 번을 외쳤더니 꿈을 이루었다는 사람이 있었다면 아마 많은 사람들이 지금 이 순간에도 자신의 꿈을 중얼거리고 있을지 모른다.

그런데 그런 사람이 나왔다. 만 번의 외치기가 아니라 만 번을 적었더니 원하는 것을 이루었다는 《생각의 비밀》의 저자 김승호 씨가 바로 그 주인공이다. 책 표지에 떡하니 노란 문구로 박혀 있다. "매일 100번씩, 100일간 상상하고, 쓰고, 외쳐라!" 매일 100번씩 100일간이면 딱 만 번이다. 인디언 속담에서 말하던 그 만 번이다. 이 분이 그걸 알고 이런 방법을 썼는지는 모르겠다. 그런데 이 방법을 써서 성공했다고 하니 귀가 솔깃해진다. 만 번이란 단어가 대단한 마법을 지닌 말같이 느껴지기 시작한다.

소유 및 투자 중인 기업의 총 매출이 연간 3,500억 원이며, 개인 재산은 약 4,000억 원에 달한다는 김승호 씨. 미국으로 이민 간 한국인 중 가장 성공한 사업가 10인 안에 든다고 한다. 그런 그가 하루 100번씩, 100일 동안의 기적에 대해 이야기하며 이 책을 썼다. 즉 이 책은 우리가 자기계발서에서 늘 만나면서도 막연했던 생각의 힘, 쓰기의 힘이 실제로 어떻게 현실에서 힘을 발휘하는지를 생생하게 보여주는 책이라고 할 수 있다. 성공은 좋은 습관을 실천하면 얻을 수 있다는 사실을 보여준다.

사실 만 시간을 투자하고 만 번을 쓰는 일은 아무나 할 수 있는 일이 아니다. 대단한 열정과 집념이 있어야만 가능한 일이다. 포기하고 싶은 마음이 고개를 들 때조차 계속하는 힘을 발휘해야 가능한 일이다. 그러니 뻔해 보이는 방법인데도 아무나 시도하지 못한다. 자신이 원하는 것을 만 번 쓸 정도면 이미 포기를 모르는 대단한 집념을 가진 사람일 가능성이 높다. 이런 이유로 만 번 쓰기의 효과에 대해서는 절로 수긍하게 된다.

간절하지 않으면 꿈을 이루지 못한다고들 한다. 얼마나 간절해야 그토록 대단한 집념이 생기는 것일까? 물속에 빠졌을 때 공기를 원하는 만큼 간절해야 한다고들 한다. 그 정도 간절해야 죽기 살기로 매달리게 된다. 그러면 성공한다는 것이다. 원하는 것을 확실히 얻는 비법이란 이것이다. 우리가 다 아는 것을 얼마나 절실히 실천하느냐에 달렸다. 이 책《생각의 비밀》에서 말하는 비밀은 이미 비밀이 아니다. 우리는 막연하게 생각하기 때문에 막연하게 살고 있다. 생각의 힘에 의지해 살고 있지만 생각을 일상에 가져오지 못하는 것이 문제일 뿐이다.

우리의 뇌는 우리가 하는 상상이 실제인지 상상인지 구분하지 못한다. 그래서 머릿속에 상상된 생각들은 현실에서 이것을 만들기 위해 주변의 모든 상상들과 일을 한다. 이런 맹랑한 소리에 어떤 이들은 역시 비웃을 것이고, 어떤 이들은 뒤통수를 맞은 듯 놀랄 것이다. 그래서 비웃은 자는 사라지고 놀란 자는 이루는 것이다. _(P.44)

상상을 행동으로 옮기는 것은 주로 예술가와 과학자들이다. 그들에 의해 이 세상은 발전해 왔으며, 그들의 끈기와 집념이 인류 문명을 발달시켜 왔다.

'나'라는 한 개인의 존재는 우주적 관점에서 보면 하찮을 정도로 미미하다. 하지만 내가 무엇인가를 하면 이 세계는 내가 중심이 되어 돌아가기 시작한다. 나라는 존재 역시 우주의 일부이기 때문이다. 우주를 이루는 존재이기 때문이다. 내가 만든 긍정 에너지가 주변의 파장을 바꾸고 일상을 바꾸고 삶을 바꾼다. 그것은 곧 세상을 바꾸는 힘이다. 작은 물방울이 같은 자리에 계속 떨어져 바위에 홈을 내는 것처럼 한사람의 우주는 곧 거대한 세상이 된다.

사색이 필요할 때 읽는 책
《싯다르타》

우리는 정보와 지식의 홍수 속에 살고 있다. 마음만 먹으면 하루에도 여러 권의 책을 읽고 그 속의 정보나 지식, 지혜를 배울 수 있다. 인터넷을 통해서도 마찬가지지만 스마트폰의 힘은 더 대단하다. 밀려드는 정보의 홍수 속에 살고 있는 우리의 머릿속은 복잡하기만 하다. 도대체 뭐가 중요한지 감을 잃은 채 껍데기뿐인 지식이나 정보로 머릿속을 꽉꽉 채우고 산다. 사람들은 분명 아는 게 많다. 말할 수 있는 것들도 많다. 인터넷에 떠도는 정보들로 수다를 떨며 대부분의 시간을 채울 수 있을 정도다.

하지만 우리의 삶은 점점 더 피상적이고 실속이 없어지고 있다. 너무 많은 것들에 노출된 우리의 두뇌 속에 정작 가치 있고 중요한 것들이 차지할 공간은 없는 것처럼 느껴진다. 삶이 점점 팍팍하고 메말라가고 있다. 안타까운 것은 그냥 이렇게 사는 게 정상인 것처럼 익숙해져간다는 것이다. 삶의 본질에 대해, 인간에 대해, 세상에 대해 진지한 고민을 할 여유가 없다. 우리가 추구해야 할 가치에 대한 고민 없이 무의식에 의지해 살아가고 있는 느낌이다.

사고력을 키워주는 독서도 이제 속도전이다. 책을 빠르게 읽기 위해 다들 너무 조급하다. 무수한 지식과 지혜들이 뇌를 스쳐 지나가지만 뇌 속에 자리하는 시간이 얼마 되지 않는다. 그나마 자리를 차지한 것들도 다른 것들과 섞여 제 가치를 찾기가 힘들어졌다. 이러니 책을 수십 권 수백 권 읽어도 의식의 변화는커녕 일상의 변화조차 기대하기 힘들다. 머릿속에 수많은 것들이 들락날락하지만 실제 일상으로 연결될 만큼의 힘을 갖지 못한다.

실용서 위주로 책을 읽다보면 독서는 권태로운 일이 되어 버린다. 이런 일이 있기 전에 다양한 분야의 책을 두루 읽을 필요가 있다. 그런데 그러지 못할 때가 있다. 책을 들고 있어도 집중이 안 되고 집중이 안 되니 책 읽기에 자연 소홀해진다. 관심 분야의 책만 반복해 읽은 탓이다. 그 내용이 그 내용이고 전혀 감응이 생기지 않는다. 독서 권태기가 온 것이다.

박웅현 씨는 《책은 도끼다》에서 이런 말을 했다. 특별히 읽고 싶은 책이 없을 때는 무조건 고전에서 선택하는 독서 습관을 가지고 있다고.

특별히 읽고 싶은 책이 없어서 책장에서 고전이라 할 만한 책들을 쭉 훑다가 헤르만 헤세의 《싯다르타》를 골랐다. 그리 분량이 많지 않다는 장점이 작용했다. 그리고 출근하며 몰입해서 읽었다. 이 책은 빠르게 읽을 수 있는 책도 아니었고 생각 없이 읽어도 안 되는 책이었다. 문장 하나하나가 주는 의미를 곱씹어가며 읽어야 할 책이었다. 세계적인 문호 헤세의 책이기 때문이다.

《싯다르타》의 주인공이 수행을 하는 동안 했던 말이 갖는 의미

들을 따라잡으려면 그와 똑같은 구도자의 입장이 되어야만 했다. 세상을 바라보는 현실적인 관점을 버리고 구도자의 눈으로 세상을 읽고 깨달음을 얻는 길을 생각해야 했다. 사건 위주로 책을 읽어 나간다면 이 책은 단순한 스토리를 가진 소설 한 편으로 마무리 될 수도 있다. 그렇게 보면 스스로 고행을 자초하고 구도자의 길을 나섰던 싯다르타가 아름다운 여인과 사랑을 나누고 부를 축적하는 과정은 생뚱맞아 보였을 것이다.

> 이토록 명백하고 이토록 존귀한 가르침이 빠뜨리고 있는 사실이 한가지 있습니다. 세존께서 몸소 겪으셨던 것에 관한 비밀, 즉 수십만 명 가운데 혼자만 체험하셨던 그 비밀이 그 가르침 속에는 들어 있지 않다는 말입니다. _(P.55)

> 이 세상을 있는 그대로 놔둔 채 그 세상 자체를 사랑하기 위하여, 그리고 기꺼이 그 세상의 일원이 되기 위하여, 내가 죄악을 매우 필요로 하였다는 것을, 내가 관능적 쾌락, 재물에 대한 욕심, 허영심을 필요로 하였다는 것을 그리고 가장 수치스러운 절망 상태도 필요로 하였다는 것을 알게 되었네. _(P.209)

가르침은 아무런 단단함도, 아무런 부드러움도, 아무런 색깔도, 아무런 가장자리도, 아무런 냄새도, 아무런 맛도 갖고 있지 않다고 말하는 싯다르타. 가르침은 단순히 말로 존재할 뿐 우리에게 줄 수 있는 게 아무 것도 없다. 《싯다르타》는 우리가 숱하게 접하는 수많은 교훈과 지혜들이 우리에게 어떤 의미를 가지는지, 우리에게 얼마나 힘을 발휘할 수 있는지 생각해 보게 한다. 진정한 의미의 깨달음은 깨달은 자의 가르침을 통해 얻는 것이 아니라 내가 직접 온몸으로 경험하고 얻게 되는 것이란 사실을 알게 된다.

  손에 든 스마트폰을 통해 접하는 수많은 정보들과 지식, 그리고 지혜들은 단순히 내 눈을 스쳐 지나갈 뿐 내 삶에 변화를 가져다주거나 진정한 의미의 깨달음을 주지 못한다. 누군가가 건네는 무의미한 말들, 그리고 내게 아무런 힘을 발휘하지 못하는 지혜들을 찾아 헤매기보다 눈앞의 현실에 더욱 충실해야 함을, 나와 사람과 인생의 의미에 대해 깊이 사색하고 깨달음을 얻으려 노력해야 함을 이 책에서 배울 수 있었다. 사색하듯 책을 읽다 보니 사색의 유익함을 깨달았다고나 할까?

  누군가 그랬다. 지금 사색하지 않으면 언젠가 얼굴이 사색이 될 거라고. 사색하지 않는 사람은 생각 없이 사는 사람이고, 생각 없이 살다보면 분명 조지 버나드 쇼의 묘비명으로 알려져 있는 '우물쭈물 하다가 내 이럴줄 알았다'가 나의 마지막 생각이 되는 날을 맞게 될 것이다. '사는 대로 생각하지 말고 생각대로 살라'는 진부해진 말을 다시 꺼내 본다. 내가 이 책을 읽으면서 얻은 깨달음은 결국 사색에 대한 것으로, 직접 사색하며 책을 읽다 보니 얻게 된 깨달음이다. 사색이 필요할 때마다 읽고 또 읽어야 할 책이다. 이 책 덕분에 또 다른 책을 집었는데 생각하며 읽을 책이다. 독서 권태기가 끝난 느낌이다.

공부벌레가 아닌
꿈벌레 되기
《10대, 나만의 꿈과 마주하라》

어느 날 아침, 문득 떠오르게 있어 내 나름대로 정리한 세 가지가 있다.

1. 인생의 목적 : 행복하게 사는 것
2. 육아의 목적 : 아이와 내가 행복하게 사는 것
3. 독서의 목적 : 나와 세상을 알고 행복하게 사는 것

너무 포괄적이라고 생각할 수 있지만 내가 왜 사는지에 대한 생각 없이 사는 것보다 행복하게 살고 싶다는 삶의 목적을 뚜렷이 하면 일상을 대하는 태도에 큰 차이가 생긴다. 내가 사는 이유가 행복이 되면 행복하기 위해 더 많은 노력을 기울이게 된다. 아이를 키우는 목적이 아이의 행복이라면 아이를 대하는 태도부터 달라진다. 내가 독서하는 이유가 나 자신에 대해 깨달아가는 과정이라 여기면 생각하는 독서를 할 수 있다. 목적이 뚜렷하면 자연스럽게 그에 맞게 의식하고 행동하게 된다.

이처럼 지향점이 있으면 일상은 달라진다. 어디를 향하느냐에 따라 과정이 어느 정도 윤곽이 잡히기 때문이다. 하루하루가 지루하고 힘겹다면 목적 없이 살고 있을 가능성이 높다.

우리를 당황하게 하는 질문 중 하나가 '꿈이 있느냐'는 것이다. 질문을 듣고 답이 즉시 튀어나오지 않는다면 꿈이 없는 삶을 사는 것이다. 한참을 고민해야 답할 수 있는 꿈은 내가 가진 꿈이 아니다. 꿈이 있다면 그 꿈을 이루기 위한 활동들로 이미 일상을 채우고 있어야 하기 때문이다.

대한민국 10대들은 자기만의 꿈을 꾸기 힘든 환경에서 살고 있다. 주어진 틀에 맞춰 살기를 강요당하고 있기 때문이다. 그래서 내 꿈이 아닌 남의 꿈을 마치 내 것인 양 여기고 열심히 꿈을 좇는다. 좋은 성적, 좋은 대학, 좋은 직장. 대부분의 아이들이 목표로 하는 것이다. 나만의 꿈이 없는 셈이다. 그러니 일상에서 좌절하고, 종착역이라고 믿었던 곳에서 또 좌절한다. 거기에 행복이나

열정이란 없다. 갑갑한 우리 사회현실에 비추어 보면 이 땅의 아이들이 꿈이 없는 건 당연해 보인다.

왜(why) 꿈이 필요한지, 왜 꿈을 가지고 살아야 하는지를 모르면 방향도 없이 길을 가게 된다. 어떻게 살아야 하는지 모르게 된다. 그래서 이 땅의 아이들에게는 꿈에 대해 이야기해 줄 수 있는 어른들이 많아야 한다. 지금 당장 아무런 꿈이 없더라도 꿈을 찾기 위한 길로 들어설 수 있도록 아이들을 인도할 수 있어야 한다. 그것도 아이들과 가장 가까운 곳에서 말이다. 부모와 교사가 적격일 수밖에 없다.

강다현의 《10대, 나만의 꿈과 마주하라》를 보며 무척 반가웠던 이유가 그런 것이었다. 아이들에게 꿈을 심어주기 위해 노력하는 선생님을 한 분 더 만날 수 있었기 때문이다. 이 책은 아이들과 가까운 선생님이 쓰신 책으로, 교육현장에서 만난 아이들의 진솔한 이야기가 담겨 있다. 저자는 실제 꿈이 없는 아이들에게 꿈을 향해 노력하라는 말이 얼마나 공허한지, 얼마나 좌절감을 안겨주는지를 알고 나서 이 책을 썼다고 한다. 그래서 이 책은 아이들의 꿈에 대한 이야기면서 아이들을 꿈으로 인도할 어른들을 위한 책이기도 하다.

어떤 꿈을 가지느냐에 따라 꿈을 향해 가는 길은 쉬울 수도 있고 고될 수도 있다. 원대한 꿈일수록 쉽게 얻기 힘든 게 당연하다. 이 책은 꿈을 이룰 수 있는 지름길을 이야기해주는 책이 아니다. 꿈을 이루기 위해 험난한 여정을 감당해야 한다고 솔직하게 이야기한다. 꿈을 이루는 과정이 행복할 수도 있다고 이야기한다. 한시라도 집중하기 힘들 정도로 우리 의식을 분산시키는 환경에서 다르게 사는 방법에 대해서도 이야기한다. 즉 꿈을 이루려면 지금

이 순간의 일상이 달라져야 함을 깨닫게 해주는 이야기들이다.

아이들에게 꿈이 뭔지 묻는 어른들이 있다. 그것까지는 좋은데, 아이가 꿈이 없다고 하면 이상하게 생각하는 것이다. 누구나 꿈을 가지고 사는 게 아니다. 사는 동안 다양한 경험을 통해 꿈을 우연히 찾게 되는 경우도 많다. 그게 언제가 될지는 아무도 모른다. 그래서 꿈을 가지라고 아이들에게 강요할 것이 아니라, 아이들이 꿈을 꿀 수 있는 환경을 만들어 주는 일이 우선이다. 당장 눈앞의 성적표를 두고 아이를 닦달하고 있다면 아이는 꿈꿀 여유도 없이 하루하루를 살아가게 된다. 부모나 교사들이 먼저 이런 현실에 대한 깨달음을 얻었으면 좋겠다.

작고 가벼운
실천의 힘
《나는 고작 한번 해 봤을 뿐이다》

우리는 뭐든 결과가 보일 것 같은 일에 먼저 매달린다. 빨리 결과가 보이는 일에 우선 착수하고 본다. 갈수록 조급해지는 현대인들에게 기다릴 마음의 여유 따윈 없다. 그래서 '10년 법칙', '10만 시간의 법칙'은 지난날 천재라 불린 사람들이나 실현할 수 있는 일이지 우리와는 별로 상관이 없다고 생각한다. 게다가 세상이 변해도 너무 빨리 변한다. 이런 세상에서 한가지를 10년 간 해보겠다고 달려드는 건 오히려 어리석어 보일 뿐이다. 당장 1년 후 세상이 어떻게 바뀔지 아무도 장담할 수 없기 때문이다.

지금 계획하는 일이 나중에 어떤 결과로 끝날지 알 수 없는 불확실한 세상이다. 계획이 의미 없는 일이 된다. 이 말은 반대로 내가 시도한 단 한번이 어떤 결과를 가지고 올지 알 수 없다는 의미도 된다. 내가 지금 하고 있는 일, 그리고 꾸준히 해내고 있는 일이 나중에 나에게 어떤 의미가 될지 아무도 모른다는 얘기다. 이런 사실을 염두에 두고 김민태의 《나는 고작 한번 해 봤을 뿐이다》를 읽으면 저자의 주장에 무조건 수긍하게 된다. 단 한번 해본 일이 내게 엄청난 행운을 가져다 줄 수도 있다는 말에 아주 솔깃해진다.

스티브 잡스가 2005년에 스탠퍼드 대학 졸업 축사에서 했던 말을 이 책은 인용했다. 바로 '점의 연결'에 관한 것이다. 지금은 예측할 수 없지만 모든 점(경험)은 미래와 연결된다. 즉 지금의 점(경험)이 미래의 어떤 시점에는 서로 '연결'된다는 것을 믿어야 한다는 것이다. 대학 중퇴 후 청강했던 서체 강의가 10년 뒤 매킨토시 컴퓨터의 글자체를 만드는데 큰 도움이 되었다는 잡스의 '점의 연결' 개념은 이 책《나는 고작 한번 해 봤을 뿐이다》의 핵심 주제 중 하나다.

EBS 프로듀서이자 각종 방송 관련 수상을 한 경력이 있는 저자다. 스티브 잡스의 스탠퍼드 대학 졸업 축사에서 깊은 인상을 받은 저자는 '한번 하기'로 쌓은 자신의 작은 성공 경험을 먼저 이야기한다. 더불어 우리가 잘 아는 명사들의 오늘도 바로 이 '한번 하기'에서 비롯되었다고 말한다. 우리가 지금 시도해 보는 단 '한번 하기'가 미래의 어떤 기회와 연결될지 모르기 때문에 무조건 실행해 보라고 한다. '한번 하기'와 '점의 연결'의 마법이 한 쌍이 되어 이 책의 핵심 주제를 이루고 있다.

> 무엇보다 강력한 신조가 생겼다.
> 사람의 마음을 끌고 가는 것은
> 뚜렷한 목표가 아니라, 작은 실천이다! _(P.82)

건강하게 살고 싶다면 운동을 계획하기보다 그냥 10분만 걸어

보라. 책을 읽어야겠다는 생각이 들면 그냥 책을 한번 펴보라. 누군가의 도움이 필요하면 그냥 한번 연락해 보라. 작가가 되고 싶은가? 그럼 일단 한 줄이라도 써 보라. 저자는 말한다. 뭐라도 해야 뭐라도 걸린다. 무수한 성공 스토리 속에는 '한번 하기'와 '점의 연결'이 마법처럼 작용한 경우가 많다는 사실이 이를 입증하고 있다. 그래서 이 책을 덮고 나면 아주 작은 행동이라도 하고 싶어진다. 실행력 부재로 고민하던 이들을 작은 실천으로 이끈다.

'점의 연결'은 곧 '시간'에 대한 개념도 된다. 작은 실천을 꾸준히 하면, 시간의 힘이 다른 결과를 만들어 준다. 이 말은 단 한번 하고, 그 즉시 결과를 기대해서는 안 된다는 의미다. 성급한 기대가 포기를 부른다. 시간이 흐른 후에 실행의 결과가 나타난다고 믿고 행동해 보자. 이런 결심만으로 실행력은 더 높아진다.

니체 철학에서
찾는 삶의 의미
《초인수업》

'사는 게 왜 이렇게 힘이 들지?'라고 느낄 때가 많다. 솔직히 힘들지 않은 사람은 없다. 살아있는 것 자체가 힘써 생활해야 하는 일이기 때문이다. 우리가 의식하지 못하고 살아서 그렇지 우리는 중력을 버티며 산다. 걷거나 뛰거나 가만히 서 있을 때나 앉아있을 때도 마찬가지다. 몸에서 힘이 빠져나가면 눕게 되고 꼼짝 못하게 된다. 산다는 것은 이미 힘겨운 일이고, 힘겨움을 버틸 정도로 건강하지 못하면 서서히 죽음을 맞게 된다. 물론 중력을 버텨내며 사는 게 고통이라고 할 수는 없다. 의식하지 못할 정도로 잘 적응하며 살고 있기 때문이다. 단지 아무 힘도 들이지 않는 그런 삶이란 없다는 것을 말하고 싶을 뿐이다.

힘들게 살지 않는 방법은 두 가지다. 첫째는 힘겨운 환경을 피하는 것이고, 둘째는 내가 아주 강해지는 것이다. 그런데 전자는 내가 선택하는 게 아니다. 살면서 어떤 일이 내게 닥칠지 아무도 모르는 일이다. 그런 불확실성 때문에 삶이 더 고달파진다. 환경

이 언제 어떻게 변할지 전혀 알 수 없기 때문이다. 그런데 후자의 경우는 어떤가? 어떤 고난이 나에게 닥쳐오더라도 이겨낼 수 있을 정도로 단련이 되어 있다면 말이다. 나를 강하게 단련시키는 일은 내가 해낼 수 있는 일이다. 어떤 역경이 와도 견딜 수 있는 힘을 가지면 삶이 마냥 고달프지만은 않다. 그러니 환경을 탓하기보다는 자신을 강하게 만드는 것이 지혜로운 선택이다.

자신의 신체적 심리적 상태에 따라 삶에 대한 태도는 달라진다. 삶의 긍정적인 면을 보는 사람은 인생이 긍정적이고, 부정적인 사람은 부정적인 태도로 일관한다. 삶 자체는 좋거나 나쁘거나 행복하거나 불행한 게 아니다. 사람의 생각이 그것을 구분하고, 태도를 달리 한다. 이런 관점을 이야기한 책이 바로 박찬국의 《초인수업》이다. 세계가 어떤 곳인가에 관한 문제는 관점에 따라서, 그 세계를 사는 우리의 정신 상태에 따라서 달라진다고 말한다. 이런 생각을 바탕으로 한다면 인생에 대한 근본적인 물음에 대한 해답을 니체의 철학에서 찾을 수 있다.

> 니체는 세계에서 고통이 사라질 날은 없을 것이라 생각했습
> 니다. 그는 모든 것들이 자신의 힘을 증대시키기 위해 서로
> 투쟁하고 갈등하는 것이 세계의 실상이라고 보았기 때문입
> 니다. 세계가 이런 모습이기에 우리는 정신력이 크게 강화
> 되고 고양될 때만 그 세계를 긍정할 수 있습니다. _(P.066)

 아주 가파른 산을 오른다고 상상해 보자. 육체적 정신적으로 약해져 있을 때는 산을 도대체 왜 올라야 하느냐고 불평불만을 터뜨릴 게 분명하다. 이에 반해 육체적 정신적으로 아주 강한 상태일 때의 산은 오르고 싶고 도전하고 싶은 대상이 된다. 인생이 행복의 연속이라면 다행이지만 고난의 파도가 일렁이며 자주 들이치는 곳이라면 거센 파도를 극복하고 즐기는 사람들이 인생을 더 긍정적으로 살 거란 사실은 분명하다. 결국 스스로를 강하게 고양시킬 수 있는 사람이 인생의 참 의미를 깨닫고 만끽하며 살 가능성이 높다. 따라서 삶을 대하는 태도를 긍정적으로 바꾸는 방법은 스스로를 고양시키고 강화하는 것이다.

> 니체는 인간을 교육하는 방법을 길들이는 방법과 길러내는
> 방식의 두 가지로 크게 나누고 있습니다. 길들이는 방식은
> 인간을 특정한 틀에 맞추도록 강요하는 것인데, 이런 방식
> 은 인간을 병들게 만들고 위축되게 합니다. 이에 반해 길러
> 내는 방식은 인간의 타고난 소질과 성향을 긍정적으로 발전
> 시키는 방식입니다. _(P.235)

 안주하며 편안함을 갈구하는 삶에 생명력과 활기가 넘칠 리 만

무하다. 더욱 더 나태해지면서 약해질 수밖에 없다. 삶이 권태로워지고 살아가는 의미는 퇴색되어 간다. 커다란 기계의 부품처럼 틀에 박힌 일을 하면서 길들여진 채 살아가는 이들에게 니체는 '그대 자신이 되어라'라고 말한다. 그냥 소박한 삶에 안주하려는 우리에게 깨어 있으라고 외치고 있다. 이 책 《초인수업》은 막연히 알고 있던 니체 철학의 핵심을 우리의 일상에 접목해서 소개한다. 그리고 삶의 의미에 대해 다시 생각해 보게 한다. 틀에 박힌 일상으로 무기력함을 느끼는 독자라면 이 책을 통해 삶을 대하는 태도를 한번 점검해 보길 바란다. 니체 철학의 핵심이 송곳처럼 가슴을 찌를 것이다.

미술관에서 교양인이 되는 방법
《한국의 미 특강》

뭐든 아는 만큼 보인다고 했다. 반대로 해석하면 모르면 보이는 것도 없다는 얘기다. 보이는 게 없으면 느끼거나 생각도 못한다. 무관심은 사람을 어리석게 만든다. 잘 알려진 이야기 중 하나가 헬렌켈러의 이야기다. 헬렌켈러가 산책을 다녀온 친구에게 뭘 봤냐고 물으니 친구는 아무 것도 본 게 없다고 했다. 아무 것도 볼 수 없는 헬렌켈러가 도저히 이해할 수 없는 말이었다.

미술을 전공하지 않은 사람이 그림이나 회화를 이해하기는 쉽지 않다. 다행히 요즘은 그림에 대한 책들이 출간되어 일반 독자들도 올바른 미술 감상법을 배울 수 있게 됐다. 전문가가 풀어놓은 작품 해설과 작가에 얽힌 이야기들은, 보기에 머물렀던 작품들을 감상하는 수준으로 끌어올려준다. 오주석의《한국의 미 특강》은 우리 그림에 대한 관심을 높이고, 올바른 감상법까지 배울 수 있는 책이다. 아는 만큼 보인다는 말을 실감하게 된다.

저자는 전시장에서 관람객을 보면 교양이 있는 사람인지, 문화하고는 아예 담을 쌓은 사람인지를 한 눈에 알아볼 수 있다고 한다. 보통 전시장에 가면 크고 작은 그림들이 있다. 특히 우리 그림 중에는 아주 조그마한 그림들도 있다. 크기가 무척 다양하다. 작품은 크고 작은데 그림과 똑같은 거리를 두고 심지어 똑같은 속도로 지나가며 작품을 보는 사람들이 있다. 나도 거기에 속할 것이다. 그런데 그건 엉터리라고 한다. 큰 그림은 떨어져서 보고, 작은 그림은 바짝 다가가서 봐야 한다는 것이다.

> 옛 그림 가운데는 공책처럼 작은 것이 많습니다. 그림 바짝 다가서서 보아야지요. 화가 자신도 사람들이 그만한 거리에서 볼 거라고 짐작하고 작은 그림은 작품의 세부를 더 꼼꼼하게 그립니다. (중략) 화가가 이렇게 거대한 작품을 그릴 때에는 붓끝은 화면에 닿아 있어도 마음은 저만치 뒤쪽에 가 있어서, 이게 멀리서 볼 때 이러이러하게 보여야 되니까 팔을 좀더 휘둘러 각도를 크게 해 주어야 되겠다. 선이 좀더 굵어져야 되겠다. 그런 생각을 하면서 그립니다. _(P.19)

그래서 우리 그림을 볼 때는 대각선 길이 1~1.5배 거리에서 천천히 감상하라고 한다. 또 한가지 우리 그림을 감상할 때 중요한 것은 오른쪽 위에서 왼쪽 아래로 봐야 하는 점이다. 우리 조상들은 글도 세로로 썼고 오른쪽 위에서 왼쪽 아래로 움직이는 시선으로 그림을 그렸다. 그래서 가로가 긴 현대의 그림들과는 다르게 우리 그림들은 세로가 긴 그림들이다. 그 그림들을 오른쪽 위에서 왼쪽 아래로 시선을 옮겨야 제대로 감상할 수 있다고 한다. 이것이 옛 사람의 눈과 마음으로 그림을 보는 법이다.

우리 그림 한편이 얼마나 많은 이야기들을 담고 있는지 이 책을 읽고 비로소 알 수 있었다. 우리 문화의 우수성에 대해서도 알게 된다. 좋은 그림 한 편을 가지고 몇 시간을 강의할 수 있을 정도라고 하니 전시관에 가면 쓱 한번 훑고 지나가는 식으로 그림을 감상하고 마는 내가 얼마나 그림을 모르는지 새삼 깨달았다. 비싼 입장료 내고 어디선가 본 그림이 보이면 '이게 그 그림이군' 하며 확인하는 식으로 그림을 감상했던 지난날을 깊이 반성하기도 했다.

> 어쩌다 우리 옛 그림을 공부하게 돼서 다시 우리 역사를 찬찬히 돌이켜 보니까, 이 조선이라는 나라가 사실은 굉장히 잘 지어진 돌집 같은 나라였다는 생각이 듭니다. 그것도 문화와 도덕으로 튼실하게 잘 지어진 나라였다는 말이지요. (중략) 조선 시대는 세종대왕이며 영조, 정조 때에 배울 만한 훌륭한 사례가 많았는데 그 부분은 대충대충 가르치고, 나라 망하는 부분인 19세기말 20세기 쪽만 산뜩 가르쳐서 열등감을 주면 우리 학생들은 도대체 무얼 배우고 느끼며, 무슨 자부심을 키우라는 겁니까? 참 이상한 발상입니다.
> _(PP.164-165)

　조선은 문화와 도덕이 튼튼했던 나라였지만 왜곡된 부분이 많다는 사실까지 짚어주고 있다. 일제가 우리 역사에 개입한 결과다.
　이 책은 우리 문화와 그림의 우수성을 소개하고 자부심을 갖게 해준다. 자연스럽게 우리 그림에 대해 더 자세히 알고 싶게 만든다. 탄력 받은 김에 저자의 다른 책들을 이어서 읽을 생각이다. 덕분에 최소한 우리 그림 전시장에 가면, 그림을 바라보는 자세부터 바꿀 것 같다. 앞으로 갔다 뒤로 갔다하기도 하고 때론 한참을 서서 멍하니 바라보기도 할 것 같다. 일단 겉으로 보기엔 교양인처럼 보일 것이다.

거짓말이 난무하는 세상 읽기
《왜 거짓말하면 안 되나요?》

'거짓말' 하면 떠오르는 이야기가 있다. 바로 양치기 소년 이야기다. 양치기 소년은 재미로 거짓말을 했다가 낭패를 당하는 경험을 한다. 거짓말이 사람들로부터 믿음을 잃게 하고 결과적으로 자신에게 피해가 돌아간다는 교훈을 담은 이야기다. 사실 거짓말이 나쁘다는 인식들은 있지만 알게 모르게 다들 거짓말을 한다. 거짓말이란 걸 아예 배제하고 사는 건 불가능하다. 악의로 하는 거짓말이 있는가 하면 선의의 거짓말도 있기 때문이다.

독일의 신문기자 위르겐 슈미더라는 사람이 40일 동안 거짓말을 하지 않고 살아보는 실험을 했다. 상대의 기분을 맞추는 거짓말까지 모두 거두고 나니 크고 작은 소동들이 벌어졌다고 한다. 실험 4일 만에 죽마고우에게 얻어맞기도 했단다. 따지고 보면 우리 일상에 거짓말은 깊숙이 스며들어 있다. 소소한 거짓말들을 나쁘다고 생각하지 않을 뿐이다. 가식적인 칭찬을 하거나 관계 유지를 위해 좋은 말만 상대에게 하는 것도 일종의 거짓말이다. 솔직히 말해 버리면 얼굴 붉힐 일들이 많다.

그래서 거짓말을 일상에서 아예 배제하지는 못한다. 대신 필요한 거짓말, 나쁜 거짓말을 잘 구분해서 써야 한다. 흔히 아이들에게 '거짓말을 하지 마라'고 하는 것은 나쁜 거짓말을 말한다. 나쁜 거짓말에는 남에게 피해를 주는 거짓말, 자신에 대한 신뢰를 떨어뜨리는 거짓말, 양심에 찔려 스스로 불안해지는 거짓말이 해당된다. 선의의 거짓말이라고 하더라도 사실이 아닌 것을 말하는 것은 좋지 않은 습관으로 이어질 수 있으니 함부로 남발하지 말아야 한다.

조지혜의 《왜 거짓말하면 안 되나요?》는 아이들에게 거짓말이 나쁜 이유를 알려주는 책이다. 아이들은 서너 살 정도가 되면 자신을 위한 거짓말을 하기 시작한다고 한다. 거짓말을 하려면 좀 더 발달된 인지능력이 필요하고 사회적 요령도 필요하기 때문에 영리한 아이가 거짓말을 더 잘한다고 말한다. 아이가 어느 정도 거짓말을 하는 것은 자라는 과정에서 겪는 정상적인 일이라고 하니 거짓말을 습관적으로 하는 경우가 아니라면 너무 심각하게 생각할 필요는 없을 것 같다.

거짓말이 왜 나쁜지를 이해시키는 데 이 책은 매우 유익하다. 아이들 사이에서 흔히 있을 수 있는 사례들을 통해 어떤 경우 거짓말을 하게 되는지 그게 왜 나쁜지를 보여주고 있기 때문이다. 거짓말은 한번 하면 또 다른 거짓말을 부르게 된다는 사실, 양치기 소년처럼 되면 믿을 수 없는 아이가 되어 친구들이 멀리 한다는 사실, 욕심 때문에 양심을 저버리면 안 된다는 사실 등을 알려준다. 결국 들키고 말 거짓말을 하고 나면 불안해서 잠을 자지 못하게 되고 잠이 부족하면 발생하는 문제도 다루고 있다.

아이들이 어떤 상황에서 거짓말을 하게 되는지 어떻게 고쳐야 하는지에 대해 배울 수 있다. 그리고 아이들의 거짓말에 대해 부모가 지혜롭게 대처하는 방법도 알려주니 아이들뿐 아니라 부모님들도 함께 읽으면 좋은 책이다. 이 책을 통해 한가지 다시 깨달은 점은 부모는 아이들의 모범이 되어야 한다는 사실이다. 부모의 사소한 거짓말이 아이들에게 거짓말을 해도 된다는 무언의 교육이 될 수 있다. 아이들 앞에서는 평소 언행에 조심해야겠다는 각오를 다지게 된다.

> 부모는 수단과 방법을 가리지 않고 사건을 조사, 취조하는 사람도, 형벌을 내리는 사람이 아니라 아이의 편에서 교육을 위해 도움이 되는 방식을 고르고 해야 할 의무가 있는 사람입니다.
>
> _(본문 중에서)

복잡한 세상에서
현명하게 사는 법
《버려야 보인다》

지금 찾아보니 혜민스님의 책 《멈추면, 비로소 보이는 것들》이 나온 지 꽤 됐다. 이 책을 두 번 읽었던 기억이 난다. 멈추면 비로소 뭐가 보인다고 했는지는 정확히 기억나지 않는다. 이 책에 대한 뚜렷한 기억은 글보다 여백이 더 많았다는 것, 글을 읽고 여백에 생각을 정리할 수 있었다는 것이다. 스님의 글들은 대부분 모든 것을 멈추고 스마트폰도 잠시 꺼두고 읽어야 했다. 책에 온전히 집중하고 내 마음을 들여다보기 위해 온전히 나만의 시간 속에 있어야 했다.

뭔가 중요한 일에 몰입하거나 집중하려면 그 하나만을 생각해야 한다. 당연히 다른 일은 다 멈추고 딴 생각을 해서는 안 된다. 책을 한 권 읽을 때조차 그렇다. 그런데 우리가 중요하게 생각해야 할 가치들에 대한 태도는 어떤가? 가장 중요하게 여기는 가치에 온전히 집중하고 있을까? 그렇지 못한 경우가 대부분이다. 우리의 정신을 혼미하게 하고 분산시키는 환경 속에 있으니 더욱 그렇다. 그러니 인생을 제대로 음미하라는 책들이 수없이 출간될 수밖에 없다. 정신 차리고 인생의 중요한 가치를 찾으라고, 그것을 추구하라고 말이다.

허병민 작가의 《버려야 보인다》라는 책 제목에 그 어떤 의문도 달 여지가 없다. 대신 다른 의문이 생긴다. 내가 보지 못하고 있는 가치란 무엇일까? 내가 찾아야 할 가치는 무엇인가? 목적도 방향도 없이 살고 있을 때 이런 의문에 빠진다. 이런 의문이라도 가지고 살면 그나마 다행이다. 마치 떼지어 다니는 동물들처럼 다른 사람들이 가는대로 따라가고 미는 대로 밀려다니면서 그게 인생이라 여기고 살고 있는 건 아닌지 스스로 묻게 된다. 자신의 가치, 삶의 가치를 모르고 살면 되는 대로 살게 되어 있다. 그냥 주어진 생이 끝날 때까지 아무 생각 없이 사는 것이다. 머리를 가진 인간이 그럴 리 없다고? 오죽하면 '생각대로 살지 않으면 사는 대로 생각한다'는 말이 유행이 되어 사람들을 자극하고 있을까?

그럼 어떻게 살아야 할까? 희미한 안개 속을 걷듯 목적 없는 삶에 변화를 주기 위해 스스로에게 질문을 던질 수 있어야 한다. 이 책은 제목이 말하는 대로, 무엇을 버릴 것인가? 그로 인해 어떤 가치를 찾을 것인가란 질문에 대한 답변들이라고 할 수 있다. 복잡하지 않게 단 한가지를 버려야 한다면 콕 찍어 뭐라 얘기할 수 있을까? 답을 찾으려니 막연하다면 이 책을 읽어 보면 도움이 된다. 48명이나 되는 세계적인 석학들과 리더들의 목소리를 담았기 때문이다. 즉 48명 각자의 다른 인생 이야기라고 보면 된다.

'생각 없이 무작정 시작하라', '비현실적인 태도 가지기', '생각을 멈추면 생각도 못한 일들이 벌어진다', '절대로 안다고 말하지 마라', '나는 충분해'와 같은 0.5초만에 영감을 주는 말들을 만난다. 단순히 '하라'는 식의 무미건조한 주장이 아니라 그들 각자의 경험들이 곁들여져 말에 힘을 실어주고 있다. 그런 이야기를 48가지나 만날 수 있다니 얼마나 좋은가. 물론 내 생각에 공감이 가는 경험들만 그렇다. 내가 처한 현실을 잘 대변해 주는 말들에 더욱 공감이 간다. 정답이 없는 인생이란 연극 무대에서 단 한가지의 가치를 찾아낸 사람들만이 사회적으로 인정받는 명사가 된다.

내 삶을 이끄는 원칙이 한가지 정도는 있어야 한다. 누군가 왜 사느냐고, 어떻게 사느냐고 묻는다면 0.5초만에 답할 수 있어야 되지 않을까? 답변을 찾기 위해 생각할 시간이 필요하다면 그냥 아무 생각 없이 살고 있었구나 하고 생각하면 된다. 나는 일단 아닌 척하기 위해서라도 이 책의 몇 가지 핵심을 내 것인 양 기억하고 있어야겠다. 머릿속에 넣고 다니면 내 일상에도 변화가 있지 않을까 하는 기대를 해본다. 일단 버리기가 쉬우니 버릴 것부터 찾아야겠다. 너무 잡다한 것들에 치여 중요한 가치를 잊고 지낼 때가 많으니 말이다.

감성을 자극하는
갓길 책 읽기
《마음의 눈에만 보이는 것들》

"딱딱해진 머리와 가슴을 말랑말랑하게 만들고 싶을 때 읽는 책이 있나요?"

누군가 묻는다면 난 당황하지 않고, 머뭇거리지도 않고 대답할 수 있어 다행이다. 누구나 마음이 메말라 갈 때 쩍쩍 갈라지는 땅을 적셔주는 단비처럼 읽고 싶어지는 책이 있으리라 믿는다. 내게 그 단비와 같은 촉촉한 책이 뭐냐고 묻는다면 망설이지 않고 '정여울 작가의 책'이라고 말하겠다. 이성에 호소하며 행동을 자극하는 자기계발서 위주의 독서가 일상을 삭막하게 만든다고 느껴질 때, 곁길로 새듯 읽었던 책이 정여울 작가의 책이다.

작가의 책 몇 권이 아직 내 손을 거치지 않은 채 책장에 꽂혀 있다. 바쁘게 살아가는 동안에는 손에 잡히는 책이 아니었기 때문이다. 빨리 빨리 읽고 넘어가야 할 책들만 독서 목록에 수두룩하다. 읽고 나면 쉽게 단상을 적어낼 수 있는 책들이다. 책을 채 다 읽기도 전에 핵심만으로 서평 한 편을 써낸다. 글을 쓰는 게 아니라 써낸다고 하는 게 맞다. 즐기기 위해 하는 게 아니라 의무감으로 하듯이 말이다. 이럴 때 정여울 작가의 책을 읽는 것은 고속도로를 질주하다 갓길에 잠깐 차를 대는 것과 같다.

바쁜 마음일 때 얼마나 많은 것들이 내게서 소외되고 있을까? 비단 책뿐만이 아니다. 소중한 가치들이 관심밖에 있게 된다. 삶의 깊이가 없어진다. 생각 없이 산다고 할 수도 있고 그냥 살아지는 대로 산다고 할 수도 있다. 삶의 표면만 스캔하며 산다고 느껴지기도 한다. 일상의 깊숙한 곳에 숨어 있는 삶의 가치나 의미에 대해 생각해 볼 겨를도 없이 산다. 그런 순간에 정여울 작가의 책을 펼치면 오히려 멍해지는 느낌이다. 평소 자극받지 못한 뇌의 구석구석을 건드리기 때문이다.

휴일의 여유로움을 느낄 때 정여울 작가의 책을 펼친다. 빨갛고 예쁜 표지의 작은 책에 손이 간 건 평소와 다른 선택이었다. 모두가 잠든 새벽, 이 책《마음의 눈에만 보이는 것들》을 펼치니 감성 충만한 작가의 문장들이 내 마음 이곳저곳을 울린다. 책을 읽는 게 아니라 감상하게 된다. '오직 마음으로 볼 때만 분명하게 보인다. 소중한 것은 눈에 보이지 않기에'라는 《어린 왕자》의 인용구가 희미해지던 내 영혼의 불꽃을 살려내는 듯한 느낌이었다.

우리의 삶은 15분으로 요약할 수 없고, 지혜 또한 오지선답형으로 항목화할 수 없다. 어린 왕자의 말처럼 가장 소중한 것은 눈에 보이지 않는 것이니까. _(P.81)

'글쓰기 비법도 책을 잘 읽는 방법도 항목화하거나 수학 공식처럼 만들 수는 없다'고 작가는 말한다. 최근 글쓰기와 독서에 대한 관심 때문에 마치 비법이라도 찾듯이 관련된 책을 읽고 있는 나를 반성하게 했다. 이와 같은 방식으로 인생의 공식을 찾으려고 하는 건 아닌지 돌아보게 된다. 편협함에 가려 내가 보지 못하는 것들이 얼마나 많은지 생각해 보게 된다. 내 단순한 생각과 행동에 가려 외면 받고 있는 삶의 가치들을 찾아보게 된다.

> 우리의 바쁨은 타인을 소외시킬 수 있다. 내 일, 내 스케줄에만 빠져 타인의 절박한 마음을 모른 척할 때마다, 우리 지구별의 어린 왕자들은 쓰라린 눈물을 떨구지 않을까.
> _(P.99)

《어린 왕자》를 마지막 읽은 것이 일 년 전이었던 것 같다. 무심히 읽은 탓에 기억에 남는 것도 없다. 그런데도 《어린 왕자》를 읽었다고 얘기하고 책이 화두가 되면 한마디 거들며 아는 체를 한다. 이 책 《마음의 눈에만 보이는 것들》을 통해 내가 보지 못한 수

많은 보석들이 《어린 왕자》 이야기 속에 숨어 있었음을 알게 됐다. 작가는 나만 몰랐던 보물들을 꺼내 하나씩 보여준다. 딱딱하게 메마른 감성으로는 볼 수 없는 것들, 마음의 눈에만 보이는 것들을 보여준다. 내 머리와 가슴이 딱딱해질 때 그녀의 책을 찾는 이유가 이것이다.

 230여 페이지의 이 작은 책을 연휴가 끝나도록 다 읽지 못할 거라고 미리 예상했다. 눈으로 스캔하듯 읽을 책이 아니란 것을 알기 때문이다. 마음이 한껏 여유를 부릴 수 있을 때 그때마다 책을 펼칠 수 있을 것이다. 책을 읽은 후 잠시 휴식을 취하는 이 느낌을 오래오래 간직했으면 좋겠다.

회사를 그만두고
싶을 때 읽는 책
《나는 이렇게 될 것이다》

얼마 전 페이스북에 이런 이벤트가 올라왔다. '회사 그만두고 싶을 때 읽어야 할 책'을 추천하는 이벤트. 난 두 번도 생각하지 않고 이 책 구본형의《나는 이렇게 될 것이다》를 추천했다. 퇴직과는 상관없이 직장인들이 꼭 봐야 할 책으로 꼽아둔 책이었기 때문이다. 책에서 구본형 작가는 준비 안 된 퇴직은 다시 고려해 보라고 한다. 하지만 책의 전체적인 메시지는 평생 현역으로 살 수 있는 길에 대한 것이다. 직장인은 깨어있는 시간의 대부분을 직장에서 보낸다. 이른 아침 출근 준비하는 시간, 출퇴근 시간, 근무시간까지 모두 더하면 일어나서 잠들기까지 3분의 2에 해당하는 시간이 된다. 평생을 함께 해도 좋을 직장이라면 몰라도 그렇지 않으면 심각하게 퇴직을 고민해야 하는 중요한 사유다. 돈벌이를 위해 평생 시키는 일만 하며 살고 싶은 사람은 없을 테니 말이다.

시키는 일만 하며 살 것인가. 아니면 나를 위해 살 것인가를 진지하게 생각해 보게 하는 책이다. 저자는 책에서 '이 세상에서 가장 쩨쩨한 것이 월급쟁이'라고 말한다. 고작 다른 사람이 시키는 일이나 하고 품삯을 벌어 사는 사람이기 때문이라면서 '월급쟁이는 기껏 해보았자 남의 집 종에 불과하다'고까지 비하한다. 학교를 졸업하고 내내 직장인으로 살고 있는 내 입장에선 좀 심하다 싶을 정도다. 조직의 주인같이 일하는 사람들도 있다고 항변할 수 있다. 하지만 자기 운명을 남의 손에 맡겨놓고 있다는 사실은 부정하기 힘들다. 자존심 상하지만 '종놈'임을 인정할 수밖에 없다. 누군가는 직장인을 현대판 노예라고 말한다. 불끈할 만하지만 그냥 기분이 묘했다. 은연중에 인정하게 된다.

사실 직장인이란 타이틀을 과감히 벗어던지기가 쉽지 않다. 대안이 있었다면 많은 직장인들이 시도했겠지만 사표를 던지는 상상만으로 위안을 삼는 경우가 대부분이다. 누군들 자기가 하고 싶은 일을 하며 살고 싶지 않겠는가. 단지 무엇을 해야 할지 대안이 없기 때문에 어지간한 고통은 감내하며 산다. 존버정신. 즉 존나게 버티라는 이외수 선생의 구호를 신조 삼아서 말이다. 어떻게 살고 싶은가에 대한 답이 준비되지 않았다면 직장을 떠나면 안 된다. 준비되기 전까지는 참고 견디는 게 맞다. 대신 시도해 보고 싶은 일이 생겼을 때는 머뭇거리지 말고 과감해야 한다. 안 그러면 늘 똑같은 일상이 반복되는 삶을 이어갈 것이기 때문이다. 그 반복적인 생활이 언젠가는 자신에게 위협이 된다. 생각보다 인생은 짧다는 사실을 되새겨야 한다.

구본형 작가의 글은 읽는 이로 하여금 에너지를 느끼게 한다. 그를 직접 대한 적도 없고 그의 책을 여러 권 섭렵한 것도 아니지만 그 자신이 생각한 대로 말한 대로 살기 위해 고군분투했다는 사실을 글을 통해서 느낄 수 있다. 그의 글에 믿음이 가는 이유다.

직장인이면서 홀로 서기를 했던 작가다. 그를 아는 사람은 그에 대해 이렇게 쓰고 있다. '말과 글과 삶이 일치한 사람'이었다고. 그래서 그의 글들은 강한 설득력을 가진다. 누군가의 글이 자신에게 강한 자극이 되고 공감이 갈 때가 있다. 글의 내용과 비슷한 처지에 처했을 때다. 이 책을 회사 그만 두고 싶을 때 읽어야 할 책으로 추천한 이유가 그것이다. 회사에서 꿈을 펼치고 싶은 독자 혹은 반대로 회사를 떠나 다른 시도를 해보고 싶은 독자 모두에게 지혜로운 선택을 하도록 도움이 될 책이다.

 어떤 선택이 옳은지는 결국 스스로 판단해야 한다. 살면서 직면하는 모든 선택의 순간이 그렇다. 누군가가 하는 말은 단지 선택을 위한 참고 사항이어야 한다. 내 삶은 타인들과는 분명히 다르기 때문이다. 남들과 똑같을 수 없다. 그러니 회사를 나가면 지옥이라고 하는 말이나, 무모한 도전을 부추기는 말에 너무 기대지 말기를 바란다. 선택의 책임은 오로지 자기 자신에게 있기에 신중에 신중을 더해야 한다. 그리고 내 판단에 의지해 결정하면 된다.

시키는 대로 살 것인가, 내키는 대로 살 것인가
《이카루스 이야기》

직장인들 사이에서 SKY를 이렇게도 풀어서 이야기한다. 'S는 시키면 시키는 대로 한다', 'K는 까라면 깐다', 'Y는 이유 없이 한다'. 직장인 대부분이 내 얘기 같다며 고개를 끄덕이거나 무릎을 탁 치지 않을까 싶다. 창의력을 필요로 하는 업무가 아니라면 직장인들은 시키는 일, 해야 할 일만 하기 마련이다. 자기 의견을 말하면 오히려 모난 돌이 정 맞는 격이 된다. 자기 색깔을 표현할 일이 없다. 그러니 직장인은 답답하다. '네 꿈을 펼쳐라~'란 노래 가사를 입으로는 따라하고 현실은 다른 이중생활을 해야 한다. 그런데 정말 답답한 것은 그렇게 사는 게 정상이라고 믿게 되는 것이다. 어항 속에 갇힌 고이잉어처럼 말이다.

고이라는 잉어는 어항에서는 8cm 정도 밖에 자라지 않지만 연못에서는 25cm, 강물에서는 1m까지 자란다고 한다. 마찬가지로 인간 또한 정해진 틀에만 맞춰 살면 생각의 크기도 거기에 맞춰진다. 더 큰 가능성과 잠재력을 가지고 있어도 소용없는 일이다. 작

은 성취에 만족하며 살게 된다. 낮은 기대와 소박한 꿈에 만족하며 사는 것이다. 물론 작은 데서 행복을 찾을 수도 있다. 그렇게 행복하게 살겠다는데 뜯어 말릴 수 없는 노릇이다. 하지만 누군가가 만들어 놓은 틀에 자기 자신을 욱여넣고 사는 것이 과연 제대로 된 삶인지는 진지하게 생각해 볼 필요가 있다. 지금 바로 의식을 바꾸라는 것은 무리한 요구일지 모르지만 고민해 볼 가치가 있다. 내가 원하는 삶을 찾아가는 길이기 때문이다.

현실에 안주하며 살 때 세스 고딘의 《이카루스 이야기》를 읽는다면 공감하기 힘들다. 그런데 내 안에 잠든 거인이 눈을 뜨려고 하는 순간, 이 책을 읽는다면 길들여진 삶에서 탈피하고 싶어진다. 그만큼 강력한 메시지를 담은 책이다. 태양을 향해 솟아오른 이카루스의 신화가 주는 메시지가 그만큼 강력하다.

이 책이 제시하는 관점은 이렇다. 아버지 다이달로스가 이카루스에게 경고했던 것은 태양에 너무 가까이 가지 말라는 것과 너무 낮게 날지 말라는 것이었다. 그런데 산업사회는 오직 너무 높게 날지 말라는 경고만을 부각시켰다. 그 결과 너무 적은 것에 만족하고 겸손을 미덕으로 삼는 개인들을 양산했다.

결론은 더 이상 낮은 기대와 소박한 꿈에 만족하며 자신의 능력을 과소평가하며 살지 말라는 것이다. 너무 낮게 날며 살아왔으니 이제 높게 날아보자는 자만을 부려보라는 것이다. 시키면 시키는 대로 살며 그것이 안전하다고 살아왔던 과거의 관행들을 모두 부수고 독창적인 아티스트로 거듭나라는 얘기다. 사실 직장인들이 읽으면 매우 혼란스러울 수도 있겠다. 직장이란 틀에서 높게 날 수 있는 방법은 뻔한 생존 논리들을 따르는 길밖에 없으니 말이다. 그럼 어떻게 훨훨 날아야 할까? 어떻게 두려움을 극복하고 아티스트로 거듭날 수 있을까? 안락지대에서 편안히 머물며 두려움만 유발하는 우리의 도마뱀 뇌를 어떻게 극복할까? 그 답은 이 책을 읽다보면 찾을 수 있다. 지금이 훨훨 날아야 할 때라고 생각을 전환하는 것만으로도 자신이 원하는 답에 가까이 갈 수 있는 길은 열리기 시작한다.

인생을 바라보는 시각을 좀 더 넓고 높게 만들 필요가 있다. 우리가 독서를 하면서 얻게 되는 것 중 하나가 나와 세상에 대한 새로운 시각이다. 생각이 바뀌고, 의식이 바뀌어야 행동이 바뀌고 인생이 바뀐다. 늘 같은 생각과 믿음을 가지고 살면서 삶이 바뀌기를 바라는 것이 보통 사람들의 생각이다.

생각이 바뀌면 분명히 삶이 바뀐다. 단지 그 생각을 바꾸는 것이 너무나 어려울 따름이다. 세상을 바라보는 시각을 바꾸고, 생각을 바꾸기 위해 다른 관점을 소개한 책들을 찾아 읽어야 한다. 《이카루스 이야기》가 바로 그런 책이다.

책이 시키는 대로 해서
성공한 이야기
《책 읽고 매출의 신이 되다》

Stay Motivated(동기 부여). 책이 주는 강력한 효과 중 하나다. 책을 읽고 있으면 배운 것을 행동으로 옮기고 싶어진다. 책을 꾸준히 읽으면 일상의 변화를 경험하는 것도 이 때문이다. 책이 주는 최고의 선물은 변화와 성장을 경험하는 것이다. 이미 그것을 경험한 사람은 책을 손에서 놓을 수가 없다. 독서에 푹 빠지게 된다. 책을 읽지 않으면 입안에 가시고 돋고, 머리에 녹이 스는 것처럼 답답해진다. 독서를 이어서 해 나가면 변화와 성장을 거듭한다. 더더욱 독서에 집착하게 된다.

독서를 제대로 하면 이런 경지에 이른다. 독서가 삶이 되고, 삶이 곧 독서가 된다. 책을 읽지 않아도 스스로 동기부여하고 강한 실행력을 발휘하는 사람도 있다. 그런데 알고 보면 그들도 독서가들이다. 독서를 이처럼 철저히 활용하면, 생각이 변하고 행동이 변하며, 삶이 변하는 경험을 하게 된다. 이런 독서효과에 대해 의심하지 않지만 독서를 일상으로 가져오기는 쉽지 않다. 잠시 독서를 한다고 해서 효과를 보는 것도 아니고, 꾸준히 이어가기가 어렵기 때문이다. 주변에 독서하는 사람이 많지 않은 것도 원인이라 할 수 있다.

이 책《책 읽고 매출의 신이 되다》를 읽고, 우리 주변에서 쉽게 찾을 수 없는 책에 미친 사람을 한사람 더 알게 됐다. 단순히 성공 스토리에 독서 이야기가 곁들여진 책이라 미리 짐작하고 읽기 시작했는데, 알고 보니 이 분, 방송인 고명환, 사업가 고명환, 작가 고명환은 책에 미친 사람이었다. 정말로 책이 말해주는 대로 실행해 보고, 책이 하라는 대로 하면 된다고 말한다. 중요한 것은 이 사람 정말 그렇게 하며 산다는 것이다. 그랬더니 인생이 바뀌고 사업이 잘 되더라는 이야기를 하고 있다.

> 책을 읽다 보면 수많은 아이디어가 생기고 그 가운데 살아남은 아이디어는 내게 돈을 벌어다 주는 콘텐츠가 된다. 얼마나 신기하고 재미있는지 모른다. 난 그저 책만 읽었을 뿐인데, 돌아보니 내 옆에는 저 혼자 알아서 돈을 벌어다 주는 콘텐츠들이 잔뜩 쌓여 있다.
> _(P.139)

책을 읽은 모든 사람들이 성공하는 건 아니다. 왜 그런지 다 안다. 똑같은 책을 읽고도 누군가는 변하고 누군가는 변함없는 삶을 산다. 차이는 바로 실행력이 만든다. 아는 것을 얼마나 실행으로 옮기느냐다.

또 한가지, 책에서 발견한 것을 나만의 아이디어로 바꾸는 능력 또한 중요하다. 결국 책을 읽고 성공하는 사람은 책대로 실행하는 사람이며, 책에서 얻은 정보를 나만의 독특한 아이디어로 만들어내는 사람이다. 이런 목적을 가지고 책을 읽는다면 고명환 작가처럼 책 읽기가 신나는 경험이 된다.

> 어떤 책을 읽었는데 책을 읽을수록 입을 다물라고 해서 한동안은 침묵하고 다녔다(난 정말 책이 시키는 대로 잘 한다). _(P.194)

책이 시키는 대로 잘하는 사람, 책에서 얻은 아이디어를 사업에 적용하고 일상에 적용한 사람. 고명환 작가가 이 책에서 보여주는 자신의 이야기다. 교통사고로 생사의 갈림길에 섰던 그가 7년 동안 1,000여 권의 책을 읽고 결심한 것이 이것이었다. 책이 시키는 대로 살아보자. 죽음 앞에 섰던 사람의 결심은 운명을 바꾸는 변화를 가져온다. 그는 이렇게 책과 인연을 맺어 독서가 이끄는 삶을 살고 있다. 그런 그의 이야기가 고스란히 담긴 책,《책 읽고 매출의 신이 되다》는 독서가 삶을 어떻게 바꿀 수 있는지, 독서를 어떻게 활용해야 하는지를 생생한 경험을 담아 보여준다.

> 월 매출 1억 원의 식당을 만들고 싶은 사람이라면 지금 당장 뭘 해야 할까? 서점으로 달려가 트렌드, 마케팅, 요리, 경제 경영, 철학책을 사서 읽어야 한다. 그다음에 뭘 해야 하는지는 책이 알려준다. 그때부턴 책이 시키는 대로 하면 된다. 아니, 가만히 있으려고 해도 저절로 움직이게 된다. 책의 마술 같은 힘이다. _(P.201)

평범한 사람들은 이렇게 말할지도 모른다. '에이~ 책 좀 읽는다고 그렇게 되겠어?' 이들이 행동하지 않는 이유다. 탁월한 사람들은 그대로 따라해 볼 것이고, 평범한 사람은 다시 변화 없는 일상으로 돌아간다. 좋은 이야기, 동기부여가 되는 이야기, 잘 살 수 있는 비결을 알려줘도 무의식이 '이건 내 이야기가 아니야'라고 선을 그어 버리면 그걸로 끝이다. 살려주려고 손을 내밀었는데 뿌리치는 것과 같다.

고명환 작가는 사람들이 책과 친해지기를 바라는 마음으로 이 책을 썼다고 한다. 기왕 책과 친해지기로 했다면, 그가 했던 대로 믿고 한번 따라해 보자. 따라해서 손해 볼 일은 절대 없을 것 같다.

행복 처방
'감사합니다'
《100감사로 행복해진 지미 이야기》

지금 바로 행복해지는 잘 알려진 처방이 있다. 아무 이유 없이 그냥 미소를 지어보는 것. 주위 눈치를 보지 않아도 된다면 크게 한바탕 웃어보는 것이다. 행복해서 웃는 게 아니라 웃어서 행복해진다고 하지 않던가. 그래서 매일 아침 나는 거울 앞에서 내 얼굴을 첫 대면할 때 그냥 웃는다. 내게 웃어준다. 얼마나 행복감에 젖게 해주는지 잘 모르겠지만 늘 그렇게 한다. 웃지 않는 것보다 분명 기분전환에 도움이 되는 것 같다. 그런데 시도 때도 없이 싱글벙글 웃으며 다니긴 힘들다. 더욱이 힘든 일이 있을 때조차 웃을 수 있는 사람은 거의 없다. 그렇다면 웃는 것처럼 손쉽게 실천해서 행복할 수 있는 다른 방법은 없을까?

웃으면 행복해진다는 말과 함께 행복 처방의 하나로 알려진 것이 감사 습관이다. 늘 감사하는 마음을 가지면 행복해질 수 있다는 말을 숱하게 들어왔다. 그런데 매사에 감사하는 태도를 습관화해보려는 노력은 못했다. 방법도 잘 몰랐고, 절대적인 신뢰를 할

만큼 효과에 대한 증거도 없었기 때문이다. 그런데 얼마 전부터 아침에 감사일기란 것을 쓰고 있다. 회사에 출근하면 컴퓨터를 켜고 무작정 감사한 일 20가지 이상을 쓰고 있다. 직접적인 계기는 이 책 《100감사로 행복해진 지미이야기》를 읽고 나서부터다. 매일 100가지 감사를 100일 동안 쓰고 난 후 변화를 경험했다는 유지미 기자의 이야기가 불씨가 됐다.

회사 특강 강사를 섭외하는 과정에서 소개받은 강사 이름에 유지미 기자가 있었다. 그래서 먼저 강사의 강의 내용을 파악하기 위해 유지미 기자가 쓴 책을 구입해 보게 됐다. 그 덕분에 100감사에 대해 알게 됐다. 100감사는 100가지 감사를 100일 동안 실천하고 난 후 자신에게 일어난 변화를 소개한 책이다. 이 책을 읽고 나도 감사일기를 쓰기로 하고 실천에 옮겼다. 매일 아침 출근해서 쓰기 시작해 최소 20가지씩만 채우려고 했다. 하루 100가지는 해내야 한다는데 일단 습관부터 만들자는 생각에 20가지로 시작한 것이다. 너무 부담스러운 결심은 오래 가지 않기 때문이다.

> 감사하는 마음은 태도에 영향을 미치고 태도는 생각에, 생각은 말에, 말은 행동에, 그리고 행동은 습관으로 이어져 인격에 영향을 미치고 결국은 사람의 인생을 바꾼다. _(P.28)

감사가 일상이 되면 분명 삶이 바뀔 거라는 확신을 가지게 해준 책이다. 감사가 어떻게 나를 바꾸고, 관계를 바꾸고, 조직을 바꿀 수 있는 지에 대한 생생한 사례들을 책에서 만날 수 있다. 감사 습관이 삶의 질을 바꾸려면 적어도 하루 100가지씩 짜내듯이 감사거리를 만들라고 한다. 설렁설렁 대충대충 감사해선 안 된다는 말이다. 자신의 일상을 스캔하듯 면밀히 관찰하고, 모든 것에 감사하는 마음이 일상이 되면 비로소 삶이 바뀌는 경험을 할 수 있다. 20가지 이상 감사할 일을 찾다 보니 내가 대하는 모든 사람들과 나를 둘러싼 모든 환경들에 대해 생각해 보게 된다. 그 모든 것에 진심으로 감사하게 되면 난 정말 행복한 사람이 되어 있을 것이고 행복을 전하는 사람이 되어 있을 것이다.

순간의 만족을 행복이라 여기는 사람들이 많다. 내가 원하는 것을 얻게 되면, 원하는 지위에 오르면, 하고 싶은 것을 하게 되면 행복할 거라고. 하지만 우리는 안다. 그 순간이 오면 행복의 기준이 바뀐다는 사실을. 그래서 행복은 조건에 따른 것이 아니라 어떤 상황도 행복이라 여길 수 있는 마음가짐에 달려 있다는 사실을 깨닫게 된다.

내 마음이 흔들리지 않도록 꾸준히 행복감을 유지하는 방법이 바로 감사 습관이다. 호흡하는 것처럼 감사하며 살면 된다. 호흡을 멈추지 말아야 하듯, 감사도 멈추지 말아야 한다.

보이는 것을
제대로 보다
《보다》

　　　　　　　　　헬렌켈러의 에세이 《사흘만 볼 수 있다면》은 무척 인상 깊은 일화를 한가지 소개하고 있다. 숲을 다녀온 사람에게 뭘 봤냐고 물었더니, '별것 없었다'고 대답했다는 것. 그게 시각 장애인인 헬렌 켈러에겐 도저히 이해할 수 없는 이야기였다. 조금 생각해 보면 우리도 이해할 수 없는 대답이다. 하지만 보고도 보지 못하는 우리 모두의 일상과 다를 바 없다. 시이불견 청이불문(視而不見 聽而不聞), 즉 보아도 보지 못하고 들어도 듣지 못하고 사는 우리 이야기다. 워낙 많은 정보들을 선택해서 보고 들어야 하는 현대인들에게 보고 듣는 것은 눈과 귀를 가지고 있다고 해서 자연스럽게 되는 것이 아니다. 정작 중요한 것을 놓치기도 하고 쓸데없는 일에 눈과 귀를 뺏기기도 한다.

　별 생각 없이 사는 나는 김영하의 산문 《보다》를 펼치자마자 새로운 것을 보는 경험을 했다. 인터넷, 스마트폰, 텔레비전이 두뇌에 미칠 영향에만 집중했지 그게 시간 도둑이란 생각은 해본 적이 없다. 스마트폰이 비즈니스에 유용하게도 쓰이지만 대부분의 일반인들에게는 소일거리를 제공해 정작 유익한 일에 쓸 수 있는 시간들을 허비하게 만드는 단점을 가지고 있다. 하지만 그렇게 인식하지 못한다. 늘 아이들에게 스마트폰을 자주 들여다보면 머리가 나빠진다고만 경고했지 시간을 허비하게 될 거란 폐해를 이야기하진 못했다. 스마트폰에 몰입하는 시간이 정작 우리가 보아야 할 것을 보는 시간을 뺐는데도 말이다. 주위를 둘러보기만 해도 의미를 찾을 수 있는 것들이 차고 넘친다.

이 책《보다》에서 얻게 된 인생에 대한 몇 가지 통찰 때문에 작가의 시선과 글에 살짝 매력을 느꼈다. '어차피 죽을 인생을 최선을 다해 살아가는 이유'란 글에서는 죽음은 두려할 것이 아니라는 걸 깨닫고, 현재의 삶에 더욱 충실해야겠단 생각을 하게 됐고, '연기하기 가장 어려운 것'은 우리 자신이 된다는 것이 갖는 의미에 대해, 그리고 연극적 자아라는 우리의 본성에 대해 깨닫게 해주었다. '홈쇼핑과 택배의 명절, 추석'은 변질되어 가는 명절의 의미에 대한 새로운 시각을 갖도록 해준다. 보고도 보지 못한 현상들은 주위에 널려 있다. 더불어 우리 자신에 대해서도 우리는 너무도 모른다는 것을 책을 읽으면서 알게 된다. '예측 불가능한 인간이 된다는 것'이 그랬다.

조금만 여유를 가지고 보는 것에 집중하면 보지 못했던 것들이 보이는 경험을 할 수 있다. 잠깐 삶의 속도를 늦추기만 하면 된다. 하루가 일순간 휙 하고 지나가 버린 것 같은 허무한 날들이 계속되는 것도 의미 없는 일에만 매달려 살기 때문이다. 책에서 김영하 작가가 이야기했듯 탐정의 눈으로 자신의 일상을 면밀히 들여다 볼 필요가 있다. 그것을 바탕으로 조금씩 일상에 변화를 주는 것이다. 출근길을 바꾸고, 안 먹던 것을 먹어보고, 안 하던 일을 하다 보면 무뎌졌던 감수성이 예민해지고 평소 놓치고 있던 것들을 보게 된다. 늘 다니던 길을 갔다 왔어도 누군가가 '뭘 보고 왔어?'라고 물을 때, 뭐라도 떠올릴 수 있는 예민한 감수성이 길러진다.

철학자 니체는 "사실이란 것은 없다. 오직 해석만 있을 뿐이다"라고 했다. 우리가 세상을 바라보고, 이해하는 과정에 우리 뇌가 결정적인 역할을 한다.

우리 뇌는 변화 없이 반복되는 것은 아예 무시해 버린다. 그러니 매일 반복되는 일상은 뇌에게 아무 의미 없는 일일 뿐이다. 하루를 살아냈는데도 뭘 했는지 기억나지 않는 것도 이 때문이다. 보고 싶은 것만 보려는 두뇌의 본능을 깨고, 하루라는 시간에 의미를 더하려면 일상을 다르게 보려는 의식적인 노력이 필요하다. 그것이 무심하고 게으른 우리 뇌를 깨울 수 있는 방법이다. 눈앞에 보이는 것만이라도 제대로 볼 수 있도록 말이다. 보이는 것을 제대로 보는 것도 대단한 능력이다.

실행 앞에서
머뭇거릴 때
《드림 레시피》

"다른 사람들은 누구나 똑같이 생각은 다 하는데 실천은 못하잖아요. 저는 그냥 해요. 일단 인생이란 것은 지금이 더 중요하다고 생각하기 때문에 저지를 수 있는 것 같아요."

김수영이 출연했던 방송을 찾아봤다. 거기서 다부진 얼굴로 그녀가 한 말이다. 이 말에 그녀의 신간 《드림 레시피》의 핵심이 담겨 있다. 이런 비슷한 말들을 우리는 수없이 많이 들어왔다. 머뭇거리기엔 인생이 너무 짧다. 그러므로 오늘 최선을 다해 살란 말을. 그런데도 이 말을 들을 때마다 새로운 것처럼 뭔가 결심을 하게 된다. 문제는 그 순간에만 결심을 하고 잊어버린다는 것.

내가 블로그를 막 시작했을 때와 첫 번째 책을 출간했을 때는 이메일을 보내는 대다수 사람들의 고민에 일일이 조언해주는 이른바 컨설팅을 해주었다. 하지만 아무리 좋은 조언

> 을 해주어도 행동에 옮기는 사람은 그리 많지 않았다.
> _(P.164)

생각과는 달리 실제 우리는 인생이 너무 짧다는 것을 알면서도 머뭇거리며 산다. 행동하지 않는다. 게으른 탓도 있지만 행동하지 못하게 하는 숱한 이유들을 안고 살기 때문이다. 문득 정주영 회장의 '해보기나 했어?'란 일침이 생각난다. 해보지도 않고 하지 못할 이유들을 줄줄이 안고 사는 것이다. 그런 장벽들 때문에 다리만 벌리면 건널 수 있는 도랑을 건너지 못하고 제자리에 서서 발만 동동 구르고 있다.

> 48개의 꿈을 이루느라 바쁘게 살다보니 어느새 예전의 모든 콤플렉스를 극복하게 되었고, 존재하는 줄도 몰랐던 나의 재능과 가능성을 극대화해서 내가 진정으로 원하는 삶을 살게 되었다. _(P.14)

그녀는 가난하고 불안하기만 했던 학창시절, 비행청소년이란 이름에 걸맞은 생활을 했고, 어려서 이미 인생의 밑바닥을 경험했다고 한다. 그랬던 그녀가 스스로의 힘으로 꿈을 찾는 여정을 시작했다는 사실이 무척 남달라 보인다. 담배와 술을 많이 해서 키가 작다는 말을 농담처럼 하는 그녀. 성장하는 동안 콤플렉스가 적지 않았을 것이다. 하지만 그런 콤플렉스는 삶의 자세를 바꾸면 자연스럽게 극복된다는 것을 저자 자신의 삶을 통해 보여주고 있다.

영화배우도 아니면서 인도 영화에 출연하겠다는 꿈을 꾸고, 산

악인도 아니면서 에베레스트 베이스캠프에 오르겠다는 꿈을 꾸었던 김수영. 숱한 어려움을 겪은 끝에 그 꿈을 이루어낸 악착같은 김수영. 시도하지 않으면 아무것도 안 되지만 시도하면 0.0001%라도 가능성이 생기지 않느냐고 말하는 김수영. 인생은 하고 싶은 것만 해도 시간이 부족하다는 것을 느끼게 한다.

　이 책 《드림 레시피》에서 느껴지는 그녀의 포스 때문에 그녀가 출연했던 방송 몇 편을 찾아봤다. 책을 통해, 그리고 방송을 통해 그녀에게서 찾을 수 있는 비범함을 단 한가지만 들라고 한다면 이 한마디로 대신할 수 있겠다. "저는 그냥 해요"

　남들이 숱한 변명거리를 내세우며 행동하기를 거부할 때, 그녀는 그냥 한다. 그녀의 한마디 덕분에 행동을 자극하는 마법과도 같은 말 하나를 품게 됐다. 해야 할 일이란 걸 알면서, 하면 좋은 일이란 걸 알면서, 머뭇거리는 나를 발견할 때, 이 한 마디면 된다.

　"저는 그냥 해요"

먼저 행동하면
걱정이 사라진다
《립잇업》

생각이 바뀌면, 행동이 바뀌고, 습관이 바뀌며, 운명이 바뀐다는 말을 귀에 못이 박히도록 들어왔다. 물론 고개를 끄덕이게 하는 말이고, 이 말을 접할 때마다 머리에 다시 새기곤 했다. '운명을 바꾸기 쉬워요~'라고 말해주는 마법과 같은 말이다. 이 말은 인생을 바꾸는 손쉬운 해결책을 제시한 것 같지만, 사실 생각을 바꾸기가 말처럼 쉽지 않다는 것을 우리는 안다. 누구나 생각이 바뀌기를 원한다. 모든 면에서 항상 긍정적이기를 바라지만 생각을 내 마음대로 바꾸려면 꾸준한 수련의 과정을 거쳐야만 한다. '난 긍정적이어야 해' 하는 마음을 먹었다고 스멀스멀 스며드는 부정적인 생각들을 단번에 퇴치하지는 못한다. 그건 오직 나만의 생각이자 바람일 뿐이란 걸 깨닫는 데는 그리 오랜 시간이 필요하지도 않다.

막 잠에서 깨어 출근 준비를 하다 보면 오늘 회사에서 해야 할 일들이 머릿속에 그려지면서 한숨이 나올 때가 있다. 특히 평소보다 긴 휴일을 보내고 출근해야 할 때면 업무가 부담스러워지기 마련이다. 그런데 집에 있을 때와는 달리 밖으로 나와 움직이기 시작하면 달라진다. 그리고 회사에 들어가서 자리에 앉는 순간, 어느 새 집에서 가졌던 부담들은 사라지고 없다. 몸이 덜 깨어나 스트레스를 받을 준비가 되어 있지 않을 때와는 달리 문 밖으로 뛰쳐나와 직장으로 발걸음을 재촉하는 사람들 속에 뒤섞이면 몸과 마음이 깨어나면서 오늘 내가 겪어내야 할 스트레스를 받아 낼 준비를 하게 된다. 휴일에 집에서 빈둥빈둥 뒹굴기보다 밖으로 나가 가볍게 산책이라도 하고 있으면, 기분과 생각이 완전히 바뀌는 것과도 같은 경험이다.

이처럼 몸을 움직여 활동을 하거나 자신이 처한 상황을 바꾸게 되면 기분도 생각도 바뀌는 경험을 손쉽게 할 수 있다. 어떤 중요한 일을 시작하기 전에 일에 대한 걱정으로 미루고 있다가도 그 일에 착수하고 나면 애초 가졌던 걱정이 사라지는 경험도 한다. 부정적인 기운이 온 몸을 지배할 때 가만히 있기보다 뭐라도 행동으로 하게 되면 기분이나 생각이 바뀐다. 즉 가만히 앉아 고민하기보다는 뭔가를 시도하는 것이 생각을 바꿀 수 있는 가장 좋은 방법인 것이다. 과감히 일에 착수하거나 밖으로 뛰쳐나가 행동을 해보면 기분전환에 이보다 더 좋은 처방이 없다는 것을 알게 된다. 리처드 와이즈먼의 《립잇업》은 이런 내 생각을 뒷받침해 주는 책이다.

> 이야기를 이끌어 나가는 내내, 나는 여러분에게 먼저 행동을 바꾸라는 주문을 할 것이다. _(P.6)

원하는 변화를 경험하려면 책의 제목이 지시하는 것처럼 이 책을 찢는 경험을 해봐야 한다. 변화를 가로막는 습관을 바꾸기 위해서는 한번도 해본 적이 없는 새로운 일에 과감하게 도전해 보라고 저자는 말한다. 그래서 이 책을 찢으라고 한다. 실제 찢는 행동을 통해 어떤 변화의 계기를 만들 수 있으리란 생각은 들지만 난 책을 찢을 수 없었다. 막 구입한 새 책이었기 때문이다. 이것이 내가 변하지 못하게 막는 습관 중 하나일 수 있지만, 일단 책을 찢는 시도는 접기로 했다. 이런 행동을 유도하는 이유는 간단하다. 윌리엄 제임스의 심리학에 기반을 둔 '가정 원칙'을 증명해 보이는 것이 이 책의 핵심이기 때문이다. 심리학에 조금이라도 관심이 있는 독자나 자기계발서를 꾸준히 봐왔던 독자라면, 한번은 접한 적 있을 윌리엄 제임스의 심리학 이론이다.

'어떤 성격을 원한다면 이미 그런 성격을 가지고 있는 사람처럼 행동하라'고 했던 윌리엄 제임스는 '행복하기 때문에 웃는 것이 아니라 웃기 때문에 행복한 것'이란 말로도 유명하다. 즉 가정 원칙은 행동이 감정에 영향을 미칠 수 있기 때문에 행동을 조절함으로써 특정한 감정을 의도적으로 만들어낼 수 있다고 말한다. 흥미로운 것은 당시에 무시되었던 윌리엄 제임스의 심리학 이론들이 현대에 와선 과학적인 실험을 통해 하나씩 증명이 되고 있다는 사실이다. 이 책을 읽다 보면 우리가 가진 감정이나 생각에 대한 관념들이 얼마나 잘못되어 있는가를 절실히 느끼게 된다. 실제 우리의 행동을 조작해서 사랑이란 감정까지 만들어낼 수 있다는 것을 보여준 실험의 결과는 에로스가 화살을 접고 울고 갈 일이다. 사랑에 빠진 것처럼 행동하는 것만으로도 열정이 불타오르게 된다니 말이다.

우리의 감정이나 생각은 우리가 감지하지 못할 정도로 무척 미세한 영역에서 변화를 일으키기도 한다는 사실을 이 책은 알려준다. 우리가 인지하지 못하는 사이에 우리의 생각이 바뀌는 경우도 있기 때문이다. 작은 행동의 변화가 태도뿐만 아니라 사람의 믿음까지도 바꾸어 놓는 사례들도 만났다. 당장 생각이나 습관을 바꾸고 싶다면 이제부터는 어떤 행동들이 필요한지를 알면 된다. 기존의 습관을 무너뜨리는 과감한 행동이 필요하다. 단순히 표정을 바꾸는 일조차 노력하지 않으면 해낼 수 없는 일이다. 일단 행동에 대한 믿음이 생기면 가장 손쉬운 것부터 실천해 보는 것이 좋다. 지금 당장 웃음 근육을 움직여 나를 행복하게 하는 행동, 당당한 자세를 취해 자신감을 높이는 행동, 새로운 아이디어를 떠올리고 싶을 때 잠시 산책을 나가는 행동 등이 그런 것들이다. 단지 게으름만 떨쳐내면 우리는 변화의 신세계를 맛볼 수 있다.

만 시간의 법칙을
벗어나다
《클릭 모먼트》

　　　　　　　　　　　　회사에 강의를 오신 한 교수님께서 해주신 이야기다. 교수님 친구 중 사업으로 대단히 부자가 된 분이 있었다. 원래 직장을 다니던 분인데, 우연한 기회로 건설현장에 골재를 납품하는 사업 기회가 생겼다. 직장을 그만두고 사업을 하기로 마음먹기가 쉽지 않았지만 고민 끝에 회사를 운영하기로 했다고 한다. 그런데 건설 경기가 좋지 않아 시간이 갈수록 재정 상태는 악화되고, 급기야 빚을 내 직원들 급여를 지급해야 하는 상황까지 갔다. 그렇게 어렵사리 버텨나가던 중에 뜻하지 않은 큰 호재를 만났다. 가까이 있던 댐이 무너지는 사고가 발생한 것이다. 그쪽 공사를 위한 골재를 납품하게 되면서 회사는 기사회생하게 되었고, 이후 사업이 날로 번창하면서 그 분은 돈방석에 앉게 되었다고 한다.

　　성공한 기업들이 모두 이런 과정을 거치는 건 아니겠지만, 기업의 성공 여부가 때론 우연한 기회에 의해 좌우되기도 한다. 잘 나가던 회사가 전혀 예상치 못한 악재로 쇠퇴의 길을 걷기도 하고, 어렵사리 운영되던 회사가 한순간의 호재로 호황을 누리기도 한다. 그래서 사업은 운이 따라야 한다는 말이 틀린 말이 아닌 것 같다. 사업은 경영자가 똑똑하고 전략을 잘 세운다고 해서 항상 승승장구할 수 있는 게 아니란 의미도 된다. 한번 성공한 전략과 전술이 연이은 성공을 보장해 주지는 않는다. 그리고 특정 기업이나 개인의 성공 비결을 따라한다고 해서 누구나 성공할 수 있는 것도 아니다. 불확실성의 시대에 그런 비법을 찾기란 더욱 어렵다. 그런 관점에서, 최근 각광을 받았던 만 시간의 법칙도 예외가 될 수 없다. 이런 주장을 이 책에서 접한 건 무척 흥미로운 일이다.

이 책 프란스 요한슨의 《클릭 모먼트》는 책의 서두에서도 밝혔듯이 매우 단순하지만 도발적인 두 가지 생각에 관해 다루고 있다. 첫째는 성공이 우연히 일어난다는 것, 둘째는 이러한 우연을 포착하여 자신에게 유리한 방향으로 몰아갈 수 있다는 것이다. 정해진 성공 방정식이 부재한 상황에서 성공의 기회를 포착할 수 있는 방법이 있다고 하면 귀가 솔깃해질 만하다. 게다가 기존의 방식대로 성공을 좇는 것은 실패로 가는 길임을 일깨워준다. 특히 눈길을 끌었던 것은 만 시간의 법칙이 모든 분야에서 통하는 성공 법칙은 아니라는 사실을 실제 사례로 보여준 부분이다. 아마 만 시간의 법칙을 처음 접한 독자들 중 대다수는 성공을 향한 불같은 열정을 품기보단 큰 좌절을 맛보았을지 모른다. 어떤 분야든 만 시간을 꾸준히 투자해 본 적이 없었다는 자기 자신에 대한 실망감, 그리고 뭔가를 성취하려면 만 시간을 채우기 위해 하루도 빠짐없이 노력을 해야 한다는 부담감 때문에 말이다. 하지만 이 책은 그런 독자들에게 희망을 주고 있다. 만 시간의 법칙은 비즈니

　스 룰이 빠르게 변화하는 요즘 같은 환경에는 적합하지 않다고 말하고 있다.

　다양한 기업이나 개인들의 성공과 실패 사례들이 저자의 이런 주장들을 뒷받침해 주고 있어 무척 흥미 있게 읽을 수 있는 책이다. 세계적인 유명 기업들과 개인들의 성공사례들이 뜻밖의 행운에서 비롯된 결과라는 사실을 보여준다. 물론 앞서 내가 전해 들었던, 댐이 무너져 성공한 기업인의 사례는 그 기업이 회생하게 된 과정의 아주 단순한 사실만 본 것일 뿐이다. 그 공사장에 골재를 납품하게 되기까지 쏟아 부었을 엄청난 노력의 과정은 생략되어 있다. 댐이 무너졌다는 세상의 악재를 기회로 전환시킨 안목과 그에 맞는 노력이 일구어낸 성과임에 틀림없다. 그런 우연한 기회와 뜻밖의 행운이 기업과 개인의 운명을 뒤바꾸어 놓은 사례들을 이 책에서 확인할 수 있다. 그 중 일부는 우리가 잘 아는 기업과 개인에 관한 이야기다. 마치 성공 스토리의 이면에 숨겨진 이야기들을 듣는 듯 흥미진진하기까지 하다.

기회는 한번 놓치면 다시 붙잡기 힘들다. 마치 1등 번호를 준비해 두고 정작 로또를 구입하지 않아 기회를 놓치는 경우와 같다. 땅을 치고 억울해 해봐야 아무 소용없는 일이다. 일생일대의 기회는 두 번 세 번 오는 것이 아니다. 어쩌면 우리의 인생을 역전시킬 기회가 우리도 모르는 새 수없이 왔다 갔을 수도 있다. 부지불식간에 지나가고 있는 기회들을 찾아낼 수 있는 안목만 있다면, 그리고 기회가 왔을 때 그것을 내 것으로 만들 수 있는 실행력만 뒷받침된다면 좋은 기회를 만날 확률은 훨씬 높아질 것이다. 성공에 대한 명확한 그림을 가지고 거기에만 몰입하다 보면 다른 기회를 포착하기 힘들 수 있다. 이 책이 주장하는 대로 뜻밖의 우연이 성공의 기회를 가져다준다면, 다양한 가능성에 자신을 노출시키는 것이 의도치 않은 성공의 기회를 붙잡는 길이 될 수 있다. 불확실성이 지배하는 현대사회에서 가장 성공확률을 높이는 방법이란 생각이 든다.

나를 죽이지 못한 것은
나를 더 강하게 만든다
《죽음의 수용소에서》

나는 이렇게 슬프고, 이렇게 진실되고, 이렇게 아름다운 책은 지금껏 만나보지 못했다. 삶은 그 자체로도 충분히 의미를 지니며, 고통 역시 그 안에서 의미를 발견할 수 있다면 그것이 더는 고통만이 아님을 이토록 생생하게 가르쳐주는 책을 만나보지 못했다.

_김애리 저, 《책에 미친 청춘》 중에서

빅터 프랭클의 《죽음의 수용소에서》를 구입하게 된 계기를 만들어 준 김애리의 《책에 미친 청춘》에 나온 문장이다. 《책에 미친 청춘》이 이 책을 구입하게 했고, 안상헌 작가의 책 《인문학 공부법》이 이 책을 읽도록 자극했다. 인문학에 관한 책을 읽고 사유하는 방법을 알려주었던 《인문학 공부법》의 마지막에 작가에게 영향을 준 책으로 빅터 프랭클을 소개한 것이다. 저자는 삶의 의미에 대한 해답을 찾기 위해 몇 달 간이나 빅터 프랭클의 책을 잡고 있었다고 한다. 일과 직장에 대한 의미를 잃어버린 사람들에게 그

의미를 발견하도록 돕는 일을 해야겠다는 결심을 하게 해준 책이라고 한다. 나는 《인문학 공부법》을 덮자마자 《죽음의 수용소》를 꺼내 들었고 몰입해 읽었다. 내게 주어진 삶의 의미를 찾고 싶다는 심정으로.

> 내성적인 성향 때문에 일과 직장에서 의미를 찾기 위해 더욱 매달렸지만 결과는 공허함뿐이었다. 아무도 알려주지 않았고 알려줄 수도 없었다. 그런 와중에 우연히 알게 된 사람이 빅터 프랭클이다. … 이 책은 당시 일과 직장, 삶에 대한 의미를 잃어버린 나에게 삶의 한가운데로 돌아올 수 있도록 큰 도움을 주었다.
>
> _《인문학 공부법》 중에서

결국 두 권의 책에 떠밀려 읽게 된 책이다. 여러 작가들이 다룬 책이며, 빅터 프랭클을 인용한 책들이 많았기 때문에 책과 저자에 대해 대충 알고 있었다는 게 책 읽기를 미루고 있었던 결정적인 원인이었다. 그만큼 잘 알려진 책이면서 오래 묵힌 책이다. 구체적인 내용은 몰라도 빅터 프랭클, 죽음의 수용소, 삶의 의미를 찾아서, 로고 테라피는 너무나 익숙하다. 이 책은 2차 세계대전 당시 유대인이자 정신과 의사였던 빅터 프랭클이 아우슈비츠 등 강제 수용소에 감금되어 동료들의 죽음이 일상이 된 절망적인 환경에서도 희망을 잃지 않고 극복해 낸 경험을 담고 있다. 그리고 이 경험을 토대로 그가 창시한 로고 테라피라는 정신치료법의 개념을 책의 후반에 소개하고 있다.

> 밖에 있었던 사람들이라면 물론 그런 공정한 시각을 가질 수 있다. 하지만 그들은 진정한 가치를 지닌 증언을 하기에는 문제의 핵심에서 너무 멀리 떨어져 있었다. 오로지 그 안에 있었던 사람만이 알고 있다. _(P.30)

 이 책이 가치 있는 이유가 바로 이것이다. '믿음을 상실하면 삶을 향한 의지도 상실한다'는 것은 정신의학자라면 누구나 할 수 있는 말이다. 하지만 빅터 프랭클은 무참히 삶의 의지를 꺾어버리는 절망적인 집단수용소 생활을 극복해 낸 경험을 토대로 이 말을 한다. 그는 자신이 겪은 상황을 있는 그대로 생생하게 전하기 위해 지극히 내밀한 체험까지 털어놓아야 했다고 한다. 극한의 고통이 일상이 된 상황이 되면 누구나 절망에 빠질 수밖에 없을 것이다. 희망이 없다면 삶의 끈을 놓아버리고 싶은 충동도 생긴다. 인간 이하의 취급을 받지만 개선될 여지가 전혀 없는 상황에 굴복하게 되면 사람의 내면에는 동물적인 본능이 먼저 고개를 들게 되고 이성의 힘은 마비될 것이 분명하다. 우리는 이런 이론적인 추측 정도만 할 수 있지만 빅터 프랭클은 온몸으로 경험했다.

> 나는 동료가 괴로워하는 소리를 듣고 잠에서 깼던 어느 날 밤의 일을 결코 잊을 수 없다. 잠을 자면서 몸부림을 치는 것이 악몽을 꾸고 있는 것이 분명했다. 평소에도 악몽이나 황홀경에 시달리는 사람을 특히 딱하게 생각하고 있었던 나는 그 불쌍한 사람을 깨우려고 했다. 그러다 갑자기 내가 무슨 짓을 하려고 했지 놀라면서 그를 흔들어 깨우려던 손을 거두어들였다. 그 순간 나는 꿈을 꾸지 않는다는 것은, 비록

> 나쁜 꿈일지라도 우리를 둘러싸고 있는 수용소의 현실만큼
> 이나 끔찍한 것이라는 사실을 깨달았던 것이다. 그런 끔찍
> 한 곳으로 그를 다시 불러들이려고 했다니… _(P.66)

끔찍한 꿈을 꾸고 깨어나 안도의 한숨을 돌리게 해주는 곳이 우리가 사는 현실이다. 하지만 수용소 생활은 정반대였다. 너무나 비참해 회피하고 싶은 현실이었던 것이다. 이 책을 읽는 내내 이런 의문을 가졌다. 수용소에 수감된 사람들에게 '고통을 극복하는 것은 개인의 의지와 선택의 문제'라고 한다면 수긍할 수 있는 사람이 얼마나 될까? 삶에 대한 의지만 가진다면 누구나 극도의 고통도 이겨낼 수 있다고 얘기한들 누가 귀담아 들을까? 하지만 빅터 프랭클은 수용소에 수감된 수감자라 해도 어떤 종류의 사람이 되는가 하는 것은 그 개인의 내적인 선택의 결과이지 수용소라는 환경의 영향이 아니라고 말한다. 아무리 척박한 환경에 있어도 자기 자신이 정신적으로나 영적으로 어떤 사람이 될 것인가를 선택할 수 있다고 말한다. 결국 환경이 우리에게 주는 영향을 무시할 순 없지만 우리는 어떠한 환경도 극복할 수 있는 내면의 힘을 가지고 있다는 얘기다.

> 시련은 운명과 죽음처럼 우리 삶의 빼놓을 수 없는 한 부분
> 이다. 시련과 죽음 없이 인간의 삶은 완성될 수 없다.
> _(P.122)

이 책에서도 인용했지만 우리가 늘 기억해야 하는 것은 '나를 죽이지 못한 것은 나를 더욱 강하게 만들 것이다'라고 한 니체의

말이다. 시련의 강도가 클수록 사람의 의지는 약해지겠지만 그것을 극복한 결과는 긍정적일 거라는 믿음을 잃지 않는다면 어떤 시련이라도 견뎌낼 수 있는 힘이 생긴다. 삶이 힘들 때마다 자신의 본능이 반응하는 대로 내버려두면 그저 불평불만만 쌓일 뿐이다. 이런 부정적인 태도가 고개를 들 때마다 상황을 반전시킬 수 있는 내면의 힘을 기르는 것이 중요하다. 시련을 대하는 태도가 명확해야 시련을 맞을 때마다 휘둘리지 않는다. 누구에게도 시련 없는 삶이란 있을 수 없기 때문이다. 인생의 크고 작은 시련을 대하는 태도를 절대긍정의 자세로 바꾸면, 그 어떤 절망에도 쉽사리 굴복하지 않는 단단한 무기가 될 수 있을 거라 믿는다.

> "인생을 두 번째로 살고 있는 것처럼 살아라. 그리고 지금 당신이 막 하려고 하는 행동이 첫번째 인생에서 이미 그릇되게 했던 바로 그 행동이라고 생각하라." (P.182)

인생을 허비하고 있다는 느낌이 들 때가 있다. 그때마다 '나는 지난 생에서 후회했던 일들을 만회하려 다시 태어난 것'이라 생각하면 한순간도 허투루 살지 않겠다고 다짐하게 된다.

우리 각자가 가지고 있는 삶의 의미는 모두 제각각이다. 그 말

은 자신의 삶의 의미는 누가 대신 찾아줄 수 없다는 것이다. 여러 가지 고민을 통해 지금의 삶을 의미 있게 만들기 위한 노력을 이어가다 보면 언젠가 구체적인 뭔가를 만날 수 있을지도 모른다. 생각보다 많은 시간이 필요할지도 모른다. 그래서 안상헌 작가는 《죽음의 수용소》를 몇 달간 쥐고 있었을 것이다. 시련을 대하는 좋은 태도를 습관으로 만들고 싶거나, 삶의 의미를 찾고 싶다는 생각이 들 때 읽으면 좋은 책이다.

나는 행복하기 때문에 달리고, 달리기 때문에 행복하다.
이 과정을 통해 가장 순수한 나를 만난다.
달리기를 통해 사람들은 자신이 누구인지 깨닫게 된다.

_고코의 마라토너 이언 톰슨

Part 2

달리며 꺼낸 생각들

우리는 무한한 잠재력을 가진 존재다. 그걸 확인할 수 있는 방법은 딱 하나뿐이다. 내 안에 있는 모든 힘을 쏟아 어떤 일이든 해보는 것이다. 한계에 도달했다고 생각하는 순간, 우리 몸은 더 높은 단계로 들어선다.

삶은 선택의
연속이다

미국의 고전 시인 로버트 프로스트는 '가지 않은 길'에서 다음과 같이 노래했다.

> 훗날에 훗날에 나는 어디선가
> 한숨을 쉬면서 이야기할 것입니다.
> 숲 속에 두 갈래 길이 있었다고.
> 나는 사람이 적게 간 길을 택하였다고,
> 그리고 그것 때문에 모든 것이 달라졌다고.

프랑스의 사상가 장 폴 사르트르는 "Life is C(Choice) Between B(Birth) and D(Death)" 즉 "인생은 태어남과 죽음 사이의 선택이다."라는 말로 인간의 선택적 운명에 대해 얘기했다.

하지만 인생은 선택의 연속이라는 인식을 하면서 사는 사람은 별로 없다. 아침에 일어나서 식사할 때, 그리고 차를 탈 때, 회사를 향해 걸을 때, 모든 상황은 의식을 했든 그렇지 않든 간에 내가 선택한 결과이다.

몇 시에 일어날지, 밥은 얼마나 먹을지, 반찬은 무엇을 주로 먹을지, 버스를 타느냐 지하철을 타느냐 등등. 의식할 필요 없는 사소한 모든 것이 선택의 결과다. 매순간 모든 선택의 결과에 따라 나는 지금 이 모습으로 살고 있는 것이다.

이것이 믿기지 않을 때는 좀 더 의식적인 선택을 하는 상황을 살펴볼 필요가 있다. 건강을 위해 담배를 끊는 것, 매일 운동하는 것, 외국어를 공부하는 것, 독서하는 것, 매일 글을 쓰는 것. 이런 선택의 결과는 시간이 어느 정도 흐른 후에야 내 일상을 바꾸어 놓는다.

선택하지 않았을 때보다 더 건강해졌을 것이고, 더 많은 것을 배우고 익혔을 것이다. 거기에 시간의 힘이 더해지면, 더 나아지기로 선택한 사람과 그렇지 않은 사람 사이에는 엄청난 간격이 생긴다. 이것이 바로 선택이 주는 선물이다. 잘 선택한 결과 가질 수 있는 결실이다.

무엇을 선택해야 할지 분명하지 않을 때도 있다. 그런 순간에도 더 나은 선택을 하려고 노력하면 더 나은 미래를 예약하는 것과 같다.

내가 원하는 일이 일어난 상황을 미리 상상해 보는 것도 좋다. 먼저 장밋빛 미래를 그려본다. 그리고 현재로 돌아와 내가 꿈꾸는 것을 이루기 위해 지금 무엇을 할 수 있는지 결정하는 것이다.

선택을 잘 하는 사람은 미래를 통찰하는 사람이다. 바로 지금 하고 있는 일의 가치를 알기 때문이다. 그래서 미래에 대한 통찰력을 지니고 지금을 사는 사람은 더 나은 선택을 하게 된다. 내가 지금 무엇을 하느냐에 따라 나의 미래는 달라져 있을 거라는 사실을 알기 때문이다.

따라서 스스로에게 자주 이렇게 물어야 한다.

지금 중요한 일이 무엇인가? 지금 하는 일이 중요한가? 지금 하는 일이 최선인가?

이렇게 생각하는 것만으로 잘못된 선택의 여지는 줄어든다. 우리가 매 순간 선택을 하고 있고, 그것이 미래를 결정한다는 사실을 잊지 않으면 일상이 바뀌고, 인생을 바꿀 수 있다.

나를 객관적으로
보는 방법

사람은 평생 자기 얼굴을 자기 눈으로 볼 수 없다. 거울에 비춰 보는 게 전부다. 어딘가에 반사된 모습만 확인할 수 있을 뿐이다. 실제 얼굴과 다른 왜곡된 것만 보는 것이다. 안타깝지만 자기 얼굴이 완벽하게 어떤 모습인지 알 수 있는 방법은 없다.

누구나 자기 자신을 잘 알고 있다고 착각하고 산다. 내가 하는 말, 내가 하는 행동, 내 속에서 일어나는 마음까지도. 이 모든 것이 자기 생각대로 통제된다고 착각한다. 우리는 무심코 생각 없이 나쁜 말을 내뱉기도 하고, 의도하지 않았던 행동들을 할 때도 있다. 오래된 습관이 된 말이나 행동은 그것이 옳은지 그른지조차 판단하기 힘들다. 스스로를 객관적으로 보기 힘든 것이다.

그런데 만일 제삼자가 되어 나를 바라 볼 수 있다면, 어느 정도 자신에 대한 평가가 가능해질 지도 모른다. 하지만 그것은 불가능한 일. 내 몸에서 나는 떨어져 나갈 수가 없다.

하지만 상상력을 동원하면 비슷한 효과를 볼 수 있다. 가끔 내 행동이 다른 사람들에게 어떤 영향을 줄까 궁금하다면, 이런 방법으로 자신의 행동을 바라보면 된다. 나를 소설 속의 주인공이나 영화 속의 주인공이라고 생각해 보는 것이다.

이것은 내가 우리 집 아이들이 자신의 행동에 대한 판단이 필요하다고 느낄 때, 아이들에게 썼던 방법이다. 아이가 잘못을 하면 그 어떤 평가도 하지 않고 이렇게 묻는 것이다.

"네가 읽고 있는 동화 속의 주인공이 방금 네가 한 것처럼 말하거나 행동한다면 넌 어떻게 생각할 것 같니?"

아이들은 잘못된 행동이나 말을 하고도 스스로 알아채지 못한다. 그때 '네가 이야기 속 주인공이라면?'이라는 질문은 자신의 행동을 다른 시각으로 바라보게 한다. 다른 시각으로 판단할 수 있도록 도움을 주는 것이다.

이것은 나의 말과 행동을 판단할 때 훌륭한 도구가 된다. 지금 나의 행동과 말, 태도와 똑같이 행동하는 소설 속 주인공을 상상해 보는 것이다. 그러면 자신의 잘못을 찾아낼 수 있다. 즉각적인 생각의 변화, 행동의 변화가 가능해진다.

사람들은 누구나 타인의 행동에는 엄격하고 자신에게는 관대하다. 이것을 극복하는 방법은 남들에게 엄격한 만큼 자기 자신에게도 똑같이 엄격해지는 것이다.

남들은 안 되고, 나만 된다는 논리를 대놓고 펼치는 사람은 없다. 아이들이나 그렇게 떼를 쓴다. 그런데 무의식중에 그런 잘못을 저지르는 사례는 주위에서 어렵지 않게 발견된다. 성인들 또한 자기 행동을 제대로 판단하지 못하기 때문이다.

자기 자신을 객관적으로 바라볼 수 있는 방법은 늘 자신의 말과 행동, 태도를 스스로 검열하는 수밖에 없다. 스스로를 내가 꾸미는 이야기의 주인공으로 만들어보자. 나 아닌 다른 사람이 되어 나를 바라보는 것이다.

  중요한 것은 항상 자신을 그렇게 바라볼 수 있어야 한다는 점이다. 우리는 습관대로 행동하고, 습관적으로 생각하고 살기 때문에 의식을 놓으면 평소 습관대로 살게 된다. 나이가 들수록 그렇다. 익숙해진 대로 산다. 익숙한 것이 옳다고 여긴다.

  아이들뿐 아니라 성인이 되어서도 자신을 다르게 바라보기 위해 노력해야 하는 이유가 여기에 있다. 살면서 깨닫게 되는 중요한 가치들은 내가 만드는 것이 아닐 때가 많다. 열린 마음으로 다르게 바라볼 때 비로소 발견하기도 한다. 나이가 많다고 현명한 생각을 하는 건 아니다.

우리 몸은
적응력이 강하다

운동을 전혀 하지 않다가 이러면 안 되겠다 싶어 조깅을 하자고 마음먹었다. 걷기나 108배 같은 가벼운 유산소 운동은 꾸준히 했지만 달리기를 하지 않은지는 꽤 오래됐다. 큰 마음먹고 조깅화를 사서 주말 아침에 일찍 일어나 뛰기를 시작했다.

몸이 보여주는 반응으로 얼마나 운동에 소홀했는지 알 수 있었다. 뛰기 시작하자마자 숨이 턱 막힌다. 헉헉거리며 좀 더 뛰어보지만 가슴 통증이 더 이상 뛰지 말라고 몸을 붙든다. 할 수 없이 조금 걷다가 심장이 좀 안정 되면 뛰다가 힘들면 다시 걷기를 반복한다.

이렇게 뛰기 시작하고 나서 몇 주가 지나자 처음 시작했을 때보다 뛰는 거리가 늘어났다. 여전히 뛰기가 힘들지만 뛰어가는 거리가 차츰 늘어나고 있는 것이다. 뛰면 뛸수록 그 거리가 늘어나고 더 빨리 뛸 수 있을 거라는 걸 경험했다. 이제는 참을 수 없을 때까지 나를 밀어붙이며 뛸 수 있게 됐다.

산행을 시작하고 나서도 똑같은 경험을 한 적이 있다. 처음 산을 오를 때는 경사가 심한 길을 오르는 게 죽을 것처럼 힘이 든다. 하지만 목표한 지점까지 가려면 어떻게든 가야 하기 때문에 어쩔 수 없이 오르게 된다. 그렇게 죽을 것처럼 힘들게 산을 오르고 나서, 한 주 뒤에 다시 그 코스를 오르면, 처음 왔을 때와는 달라진 몸의 반응을 감지할 수 있다. 여전히 힘들지만 처음 왔을 때만큼은 힘들지 않은 것이다.

내 몸이 힘든 순간을 겪을 때마다 그것을 극복하고 적응한다는 사실을 알게 된다. 힘들 때 포기해 버리면 그것으로 끝나지만, 악착같이 해내고 나면 내 몸은 이전과 달라져 있다. 그래서 더 열심히 더 악착같이 매달리게 된다.

우리 몸은 적응력이 강하다. 한계를 느낄 때까지 악착같이 애를 써보지 않아서 성장을 경험하지 못할 뿐이다. 운동량이 부족하면 몸이 약해질 수밖에 없다. 저항이 없으니 평상시와 같은 상황에 적응해 버린다. 그게 얼마나 몸을 허약하게 만드는지 일단 한

번 달려보면 안다. 뛰어다닐 기회가 거의 없는 성인들은 달리는 것이 죽을 것처럼 힘든 일이다. 운동의 필요성을 절실히 느끼게 된다.

비단 몸뿐만 아니라 마음도 적응력이 강하다. 그래서 어떤 새로운 도전을 하거나 힘든 상황을 자꾸 겪다 보면 적응하고 극복할 수 있는 내성이 생긴다. 그래서 어떤 순간이 힘들게 느껴진다면 '내가 성장하고 있구나'라고 생각하면 된다. 몸과 마음이 힘든 순간을 경험할 때마다 이 순간만 이겨내면 나는 더 나은 사람이 되어 있을 거라는 기대를 가지면 된다. 그러면 더 힘든 상황으로 자기를 몰아붙일 수 있다. 니체도 그랬지 않은가. 나를 죽이지 못하는 고통은 나를 더 성장시킬 뿐이라고.

달리기나 산행과 같은 활동은 내 몸의 적응력을 확인할 수 있는 좋은 기회다. 몸을 움직여 깨닫게 되는 것들이 많다. 육체적으로 힘든 상황에 자주 자신을 몰아넣어 보면 깨닫는 것들이 생긴다. 우리 몸이 그 어떤 고통도 이겨내고 성장한다는 것을 말이다. 그런 경험이 누적될수록 도전과 성장에 더욱 집착하게 된다. 어떤 일도 해낼 수 있겠다는 자신감이 생기고, 기대하지 않았던 성공 유전자가 깨어나기도 한다.

우리는 무한한 잠재력을 가진 존재다. 그걸 확인할 수 있는 방법은 딱 하나뿐이다. 내 안에 있는 모든 힘을 쏟아 어떤 일이든 해보는 것이다. 한계에 도달했다고 생각하는 순간, 우리 몸은 더 높은 단계로 들어선다. 포기하지 않고 밀어붙인다면 말이다. 그렇게 우리의 잠재력은 깨어난다. 그리고 다음 단계로 나가는 발판이 된다. 이런 우리 몸의 적응력을 잘 활용하면 생각지도 못한 나의 능력을 차츰 발견하게 된다.

고통이 성장을 이끈다

우주선은 중력을 벗어나야 우주로 나갈 수 있다. 초속 11km 이상 속도를 내야 지구 대기권을 탈출할 수 있다는 내용을 본 적이 있다. 그런데 인간이 하늘을 날 수 있다고 해도 과학의 힘을 빌리지 않고 우주로 나갈 수 있는 방법은 없다.

우주로 나갈 만큼의 힘을 쓸 필요는 없지만, 우리 일상은 중력과 무관하지 않다. 중력을 이겨내기 위해 몸에는 일정한 힘이 들어가 있다. 그것을 이겨내지 못하면 우리는 서 있기조차 힘들어 앉거나 누워 있어야 한다. 익숙해져서 인지하지 못할 뿐 우리는 힘을 써가며 살아가고 있는 것이다.

아무 힘도 쓰지 않으려면 누워 있는 수밖에 없다. 앉아 있을 때도 어딘가에 의지해야 한다. 결국 몸에서 모든 힘이 빠지면 늘 누워 있는 상태로 살아야 한다. 아프거나, 생명이 다한 상태와 같다.

그래서 살아 있다는 것은 곧 힘을 쓰고 산다는 것이다. 힘겨움을 자각하지 못할 뿐이다. 힘들다고 느끼는 것은 자연스러운 반응이다. 살아있는 것 자체가 힘겨움이기 때문이다.

몸이 아플 때가 있다. 정신적으로 고통스러울 때도 있다. 그럴 때마다 '나는 왜 이렇게 아파야 해?', '내게 왜 이런 일이 생기는 거야'라고 불평하거나 부정적인 생각이 들 때가 있다. 힘들지 않아야 하고, 편안해야 하는 것이 정상이라고 생각한다. 아무런 고통이 없는 삶을 살아야 한다는 기준을 두고 있기 때문이다.

그럴 때 삶은 고통 그 자체란 생각을 떠올릴 수 있다면, 고통을 대하는 자세가 어느 정도 달라진다. 특히 아플 때 그렇다. 감기 몸살만 걸려도 세상에서 가장 힘든 것처럼 느껴지는 것이 사람 마음이다.

몸과 마음이 힘들 때, 마음가짐만 바꾸면 힘겨움을 자연스럽게 받아들일 수 있다. '인생은 원래 힘든 거야. 힘들지 않으면 살아 있는 게 아니지'라는 생각을 하면 조금 힘이 난다.

그냥 누워서 지내면 편안하다. 물론 건강한 사람에게 종일 누워 지내라고 하면 좀이 쑤실 것이다. 살아 있기 때문에, 건강하기 때문에 일어나 활동하고 싶어지는 것이다. 중력을 거뜬히 이겨내고 말이다. 직접 느끼지 못하지만 그 역시 힘을 써서 견디며 사는 삶, 힘겨움을 극복하는 삶이다.

하루 종일 머리가 아픈 날이 있었다. 안 그래도 여러 가지 고민으로 마음이 힘들 때, 몸까지 아프니 부정적인 생각들이 머릿속을 가득 채웠다. 그때 생각을 바꾸어 보았다.

'이렇게 아프지 않아도 난 원래 힘겨운 삶을 살고 있는 거야. 이보다 더 힘들 수도 있어. 고작 이 정도를 가지고 아프다고 하소연할 수 있을까?'

더 크고 분명한 목표를 가지고 더 많은 활동을 하면 작은 어려움은 쉽게 극복할 수 있다. 목표 없이 방황할 때 일상의 작은 문제들이 크게 다가온다. 삶을 더욱 의미 있게 만드는 활동들로 일상을 채우면 사소한 문제들은 우리에게 아무런 영향을 주지 못한다. 큰일을 꿈꾸고 지금보다 더 많은 활동을 하면 우리가 느끼는 사소한 문제들은 아무 것도 아닌 게 되어 버린다. 건강한 사람에게 중력은 크게 문제 되지 않는 것처럼 말이다.

많이 힘들다면, 크게 고통 받고 있다면, 앞으로 있을 사소한 힘겨움은 아무 것도 아닌 게 된다. 그래서 고통스러울 때마다 이것만 극복하면 나는 한번 더 성장한다는 마음을 가지면 좋겠다.

힘들어도 좋다. 더 힘들면 더 좋다는 마음가짐만 가지면 그 어떤 고통도 이겨낼 수 있고, 더 크게 성장할 수 있다.

색다른 경험이
나를 바꾼다

　　　　　　　　　　　직장 동료 한 분이 헬스클럽 1년 회원으로 등록했다. 보통 짧게는 한 달, 석 달을 등록하는 경우가 대부분이지만, 일 년이면 훨씬 더 싸게 이용할 수 있다는 장점이 있다.

　그런데도 불구하고 1년 동안 해보자는 마음을 먹기가 쉽지 않다. 1년 내내 다닐 자신이 없기 때문이다. 가끔 빠지다가 결국 포기했던 경험을 해봤기 때문이다. 3개월이란 기간을 등록하고도 실제 가서 운동한 날은 한 달도 채 되지 않는다. 그럴 땐 한 달만 등록하는 것이 훨씬 더 이익이다.

　이런 경험을 하고 나면 일 년 동안 하겠다고 달려들지 않는다. 한 달 먼저 해보고, 습관이 잡히면 장기 등록을 한다. 매일 운동하는 게 습관이 되면 한두 번 빠지는 게 문제가 되지 않기 때문이다.

　처음 운동을 시작할 때 넘어야 할 가장 큰 장애물은 '핑계'다. 시작하기로 마음은 먹었지만 제대로 시동을 걸기가 쉽지 않다. 며칠간은 의욕을 가지고 하다가 조금만 방심하면 이런 저런 핑계가 찾아든다. 그런 날이 반복되면서 운동은 일상에서 멀어진다.

퇴근 후 저녁에라도 집 주변 공원을 뛰자는 결심을 하고 운동화를 하나 샀다. 그런데 집으로 오면 오직 쉬고 싶다는 생각뿐, 그 상태로 운동하러 나가기가 쉽지 않다. 차일피일 미루다 주말에라도 뛰어 보자는 마음을 먹고 주말 아침마다 나가서 운동을 한다. 가족들이 모두 자고 있는 시간에 조용히 혼자 나가 운동을 하고 온다.

점잖은 어른이 되고부터 뛰어다닐 기회가 없었다. 조깅을 시작하고 나서 내 몸 상태를 알게 됐다. 조금만 뛰어도 숨이 턱턱 차오르고, 심장 통증까지 느껴진다. 그래도 뛰고 나면 내 몸이 더 좋아진 것 같아 무척 뿌듯하다. 과정은 힘들어도 하고 나면 좋은 게 운동이다. 이 좋은 걸 왜 안 하고 게으름을 피웠을까 하는 생각까지 하게 된다.

지금은 비가 오는 주말 아침에도 혼자 나가 뛴다. 비를 맞으면서 뛴다. 아예 처음부터 비를 맞으면서 뛰면 된다고 생각하고 밖으로 나간다. 비 오는 걸 핑계로 여기지 않게 된 계기가 있었다. 한번의 경험이 생각을 완전히 바꿀 수 있다는 걸 깨닫게 된 날이었다.

비는 오지 않았지만, 잔뜩 흐린 주말 아침, 일어나자마자 옷을 갈아입고 공원으로 뛰어나갔다. 운동을 하는 도중에 비가 내리기 시작했다. 비를 피할 곳이 없었다. 그래서 비를 맞으며 뛰는데 운동에 전혀 지장이 없었다.

그때 깨달았다. 내가 집에서 나오기 전부터 비가 쏟아졌다면 분명 날씨를 핑계로 나오지 않았을 것이다. 그런데 나와서 그렇게 비를 맞아 보니 비는 핑계가 되지 않는다는 것을 알게 되었다.

그 다음 날 아침에도 비가 내렸지만 나가서 운동을 했다. 덕분에 비가 오는 날이 더 좋아졌다. 시원한 빗줄기를 온몸에 느끼며 뛰는 게 오히려 더 좋다. 머리숱이 좀 걱정되긴 하지만.

생각만 바꾸면 행동이 바뀐다. 생각을 바꾸기가 쉽지 않지만 말이다. 그런데 새로운 경험을 하게 되면 한순간에 생각과 행동이 바뀌기도 한다. 생각지도 못한 경험을 했을 때다. 그래서 그렇게들 말하는가 보다. 무조건 시도해 보라고, 새로운 일을 경험해 보라고 말이다.

우리는 우리 경험 안에서만 생각하고 판단한다. 경험이 적으면 생각의 폭도 작아진다. 색다른 경험은 기존에 가지고 있던 생각을 바꾸고, 더 크게 생각할 수 있는 기회가 된다.

습관처럼 하던 생각, 핑계들을 깨는 경험이 많으면 많을수록 일상에 더 많은 변화가 찾아온다. 그런 경험들이 많아지면 좋겠다.

글쓰기는 인생
최고의 습관이다

책을 많이 읽으면 머리에서 끄집어낼 것들이 참 많아진다. 필요할 때마다 떠오르는 생각들이 있다. 그걸 메모해 두면 글쓰기를 할 때 특히 유용하다. 필요할 때 찾아서 쓸 수 있으니까. 평소 저장해 둔 글쓰기 재료들은 글을 쓸 때 무척 다양하게 쓰인다. 기억한 내용 그대로 쓰일 때도 있지만, 다른 것들과 연결되어 다양한 글쓰기를 할 수 있다.

그런데 글쓰기를 꾸준히 하다 보면 얻는 것이 또 하나 있다. 그것은 바로 생각했던 것보다 내가 아는 것이 참 많다는 사실을 깨닫는 것이다.

이것은 박학다식하다는 말과는 다르다. 글을 써보면 자신의 머릿속에 어떤 생각들이 들어 있었는지 비로소 알게 된다. 글로 표현되지 못한 수많은 생각들이 내 속에 있었구나 하고 깨닫는다. 나도 몰랐던 생각들이 글을 쓰다 보면 술술 봇물 터지듯 나올 때가 있다. 그리고 떠오르는 생각들이 서로 연결되어 또 다른 생각을 만들어낸다.

그래서 창의적인 일에 종사하는 사람들은 반드시 글쓰기를 해야 한다. 억지로라도 글을 오래 쓰다 보면 생각지도 못한 생각들을 정말 많이 쏟아낼 때가 있다. 글을 쓸 때만 떠올리는 생각들이 따로 있다고 느낄 정도다.

이런 이유 때문에 매일 글을 쓰지 않을 수 없다. 내가 책을 쓸 수 있었던 비결도 바로 매일 글을 쓰면서 내 생각을 다듬었기 때문이다. 매일 글쓰기 내공을 키워오지 않았다면 글쓰기로 생각을 풀어내는 일이 쉽지 않았을 것이다.

글을 쓰는 사람은 생각하는 사람이다. 그리고 자기 삶을 주도적으로 엮어나갈 수 있는 사람이다. 어떤 삶을 살아야 할지 고민하게 되고, 자신이 가진 신념에 부합하지 않으면 다르게 살기 위해 노력하게 된다. 그래서 글쓰기는 생각의 변화를 가져오고, 일상에도 변화를 가져다주는 강한 동력이 된다.

글을 꾸준히 쓴 사람들은 자연스럽게 글쓰기 예찬가가 된다. 일상의 소소한 변화를 겪기도 하고, 때론 인생이 바뀌는 경험을 한다. 오래 글을 쓴 사람들은 책을 써서 다른 사람들에게 자신이 경험했던 소중한 가치를 전하기도 한다.

글쓰기를 꾸준히 하고나서부터 독서보다는 글쓰기가 더 좋아졌다. 독서와 글쓰기는 스스로 자신을 성장시킬 수 있는 중요한 습관이다. 하지만 그 효과는 각기 다르다.

독서는 다른 사람의 생각을 읽는 것으로 시작한다. 내 머릿속에 일방적인 주입을 할 때도 있다. 그래서 독서를 좀 더 유익하게 활용하려면 작가의 생각을 읽고 내 생각을 정리해 보면 좋다. 책을 읽다가 생각을 일으키는 내용을 만나면 바로 메모를 한다. 독서하며 내 생각을 정리하려면 자연스럽게 읽다가 멈추기를 반복하게 된다. 안 그러면 생각을 정리할 시간이 없다. 글로 정리하지 않으면 책을 읽고도 별로 남는 것이 없다.

독서와 달리 글쓰기는 쓰다가 멈추면 안 된다. 떠올린 생각을 글로 빠르게 표현해 내기 위해 힘써야 한다. 생각이 이어져 나갈 때, 빠르게 글로 옮겨내는 것이다. 그래서 어떻게 표현할까를 고민하면 안 된다. 글을 잘 쓰려다 보면 표현에 더 신경을 쓰게 되고 그러면 생각이 막힌다. 생각을 멈추면 다시 그 생각을 이어가기 힘들어진다. 그래서 일단 빠르게 써내고 나중에 고치자는 마음이어야 한다.

글쓰기는 매일, 꾸준히, 평생토록 해도 좋은 최고의 습관이다. 생각 있는 인생을 살고 싶다면 더더욱 그래야 한다. 이제 글쓰기는 작가만의 전유물이 아니라 어른, 아이 할 것 없이 모두의 삶에 의미를 더하는 활동이 되어야 한다.

나만 나를
바꿀 수 있다

스펜서 존슨이 쓴 《선물》은 '현재'라는 의미와 '선물'이라는 의미를 모두 가진 영어 단어 Present에 그 내용이 집약되어 있다. 한마디로 현재는 곧 선물이다. 이 책 제목 하나만 기억해 두고 있으면 현재가 가진 가치를 떠올리기 어렵지 않다. 그리고 지금 하는 일에, 지금 만나는 사람에게 더없이 집중하게 된다.

이 책이 주는 메시지는 이처럼 간단하고 명확하다. 그런데 이 책을 읽고 나면 재미있는 사실 하나를 더 알게 된다. 책에는 노인과 아이가 등장한다. 노인은 Present의 지혜를 아이에게 알려주고 싶다. 그런데 노인은 '현재는 선물이야'라고 직접 말하지 않는다. 이해시키려고 애쓰지도 않는다. 단지 소년이 받을 수 있는 선물 중에 가장 가치 있는 선물일 거라고만 말해준다. 그 순간 어린 아이는 흔한 생일 선물 정도로 여긴다. 그래도 노인은 아이에게 직접 알려주려고 하지 않는다. 단지 소년 스스로 그 의미를 깨닫도록 기다릴 뿐이다.

시간이 흘러 아이는 청년이 되고 성인이 되면서 직장인이 된다. 가끔 노인이 말한 Present가 무엇인지 궁금하지만 노인에게서 해답을 얻지 못한다. 성인이 되어 방황하고 힘들어할 때, 그때도 노인은 선물의 의미를 말해주지 않는다. 단지 혼자서 생각해 보는 시간을 가져 보라고 한다. 역시 생각하는 시간이 필요했던 것이다.

노인의 안내에 따라 산속 오두막에 혼자 머물며 밤을 보내던 그는 문득 노인이 말한 선물의 의미를 스스로 깨닫게 된다. 멈추자 비로소 볼 수 있었던 셈이다. 그가 성장하는 동안 노인이 했던 말들을 퍼즐 조각처럼 맞추다가 얻게 된 깨달음이다.

현재가 선물이라는 말은 우리가 자주 인용하는 표현이다. 이런 이야기들도 한다. 금 중에서 가장 가치 있는 금은 '지금'이라고. 이 이야기를 듣고 고개를 끄덕이지 않을 사람은 없다. 현재를 살라는 말을 너무나 자주 들어 자연스럽게 여기는 건지도 모른다.

그런데 머리로 알고 있는 사람들이 가슴으로도 현재를 선물로

여기고 있을까? 특히 누군가에게 이런 말을 듣고 큰 깨달음을 얻은 것처럼 기뻐하는 사람은 얼마나 될까? 단지 좋은 말이라고만 여기고 넘어갈 가능성이 높다.

아주 단순한 진리도 스스로 깨닫는 것이 중요하다. 나 자신에게 유익하고 가치가 있다는 것을 경험하고, 직접 알기 전에는 그 어떤 진리도, 좋은 말도 내 것이 되지 못한다. 아는 것이 많아도 삶에 변화가 없는 것은 이 때문이다.

내게 지혜가 되는 것은 직접 경험해서 얻은 것뿐이다. 남들이 하는 말이, 책에서 읽은 이야기가 내 삶을 바꾸기 힘든 이유다. 아무리 많은 책을 읽고, 책에서 지혜를 얻더라도 변화 없는 삶을 사는 이유도 이 때문이다.

스펜서 존슨의 《선물》에서 노인은 이것을 알았기에 성급하게 아이에게 자신이 아는 지혜를 주입하려고 하지 않았다. 노인이 얼마나 지혜롭게 선물의 가치를 아이에게 전했는가를 주목하며 책을 다시 읽어보기 바란다.

나를 바꿀 수 있는 사람은 아무도 없다. 나만 나를 바꿀 수 있다.

"I waited for you to discover this for youself."
"난 네 힘으로 이것을 발견하기를 기다렸어"

_《The Present》, P.48

독하게,
더 독하게

　　　　　　　　　　매일 평균 20득점을 하며 압도적인 득점 기록을 가진 서장훈. 그는 경기가 끝날 때마다 경기를 돌아보고, 더 잘할 수 있는 방법을 찾으려고 노력했다. 심지어 사람들이 훌륭한 경기였다고 추켜세워 줄 때도 자신은 더 잘할 수 있었다고 스스로를 책망했다고 한다.

　그는 이 정도면 됐다고 만족하는 경우가 없었다. 남들이 잘했다고 말하는 수준에 그치지 않았던 것이다. 매일 그는 자신을 혹독하게 밀어붙였고, 그 덕분에 매일 성장하는 선수가 될 수 있었다.

　김성근 감독은 선수들을 혹독하게 훈련시키는 감독으로 유명하다. 그는 고양원더스 감독을 할 때 선수들이 한계를 느낄 때까지 연습을 시켰다. 능력이 5인 선수를 10까지 발휘하도록 하는 힘은 연습밖에 없다고 믿고 있었다. 선수들도 김성근 감독으로부터 받은 훈련만큼 연습을 해본 적이 없다고 할 정도였다. 그런 훈련

덕분에 무명의 선수들이 프로야구 선수로 도약할 수 있었다.

웨이슈잉이 쓴 《하버드 새벽 4시 반》에도 이런 말이 나온다. '자신이 상상하는 그 이상의 힘을 쏟아라. 그래야 비로소 잠재력이 발휘되기 시작한다.'

잠재력을 깨우는 유일한 방법은 지금보다 더 많은 노력, 더 치열한 노력을 쏟아 붓는 것이다. 그래야 자신도 몰랐던 능력을 깨울 수 있다.

동양고전에 기천정신(己千精新)이란 게 있다. 남들이 한번 할 때 나는 백번을 하고, 남들이 열 번을 할 때 내가 천 번을 하면 못해 낼 것이 없다는 지혜다. 이 말이 무척 자극적으로 들리는 것은 정말 이렇게 노력해 본 적이 없기 때문이다. 이 말처럼만 노력하면 어떤 일도 해낼 수 있을 것 같은 자신감이 생긴다.

지금보다 더 성공한 삶을 살 수 있는 방법은 이미 잘 알려져 있다. 꿈꾸는 일, 내가 잘할 수 있는 일을 그 누구보다 더 많이 노력해서 하면 된다. 그런데 그냥 잘하려고만 해서는 안 된다. 독하게 해내겠다는 마음가짐이 중요하다.

남들이 이 정도면 됐다고 할 때, 자신은 더 잘할 수 있다고 다짐하는 것, 남들이 한번에 만족할 때 자신은 지독하게 열 번, 백 번을 해내는 것. 이것이 성공 비결이다. 이미 알려져 버렸으니 비결이라고도 할 수 없겠지만.

매일 계속되는 자신의 일상을 경기에 비유해 보자. 그리고 내가 했던 플레이가 과연 지독하다고 여겨질 정도였는지 점검해 보자. 그래서 더 잘할 수 있는 방법이 있었는지, 그리고 어떻게 해야 하는지를 결정한 후 다음 날 경기에서 그것을 적용해 보는 것이다.

지독하게 자신의 일상을 관리하다 보면, 서장훈 선수처럼 자신의 지난날을 회상하며, 정말 열심히 살았다고 회고하는 날이 올 것이다. 물론 그렇게 살아도 후회되는 일은 있다. 더 잘할 여지가 분명 있었을 테니 말이다.

우리는 뛸 수 있었는데 걸어왔던 순간들이 많다. 그 거리를 만회하려면, 지금 뛸 수 있는 것보다 훨씬 더 빨리 뛰어야 한다. 이런 사실을 깨닫고 나면 뛰어야 하는 순간에 천천히 걷는 일은 더 이상 없을 것이다. 걷고 싶다고, 쉬고 싶다고 느끼는 순간에도 뛰다 보면, 나도 모르게 뛰기에 익숙해진다. 그러면 내 일상은 뛰기 전과 달라진다.

일상이 무료하게 느껴진다면 그냥 오늘 하루는 독하게 뭔가 해보겠다고 매달려 보자. 왠지 모를 의욕이 활활 타오를 것이다. 그 의욕을 가지고 지금 당장 할 수 있는 일에 매진해 보자. 머지않아 평소와 달라진 나를 발견하게 될 것이다.

나를 응원해 주는
단 한사람

　　　　　　　　　　꿈을 향한 여정에 과감한 도전이 필요할 때가 있다. 그 도전이란 지금 하던 일, 혹은 지금 누리고 있던 것을 버리고 새롭게 시작한다는 의미다. 두 가지 일을 동시에 할 수 없을 때, 우리는 선택의 기로에 서게 되고, 현실이냐 꿈이냐를 두고 갈등하게 된다.

　지금 다니는 회사를 그만두고 다른 일을 하려고 할 때를 예로 들어보자. 직장에서 하는 일은 보통 주어진 일이기 마련이다. 내게 선택권이 별로 없다. 주어진 일을 열심히 해보자는 결심 정도가 열정을 자극하는 유일한 수단이다. 내가 원하지도 않은 일을 한다는 건 어떤 의미일까? 단지 경제적인 이유 때문에 나의 노력과 시간을 쓰는 것을 말한다.

　우리는 노력과 시간을 자신이 원하는 일에 쏟을 때 일에 가치를 느낀다. 자신의 꿈을 이루기 위한 여정에 있을 때 가장 행복해한다.

　우리가 정해진 시간만을 살 수밖에 없는 유한한 존재라는 사실을 떠올려 본다면, 하고 싶은 일, 꿈을 좇는 일로 시간을 써야 하는 것이 올바른 선택이다. 그런데 현실이 늘 발목을 잡는다. 경제적인 문제가 그것이다.

누군가 원하는 일을 하기 위해 회사를 그만둔다고 하면, 그 꿈을 응원하는 사람보다는 만류하거나 생각을 돌리라고 하는 사람들이 대부분이다.

지금 익숙한 상황을 떠나 새로운 일에 도전한다는 자체가 누구에게나 두려운 일이기 마련이다. 선뜻 다른 일을 하겠다고 마음먹기가 쉽지 않다. 큰 용기를 내어 꿈을 좇기로 마음먹고도, 주위의 부정적인 피드백을 받으면 쉽게 의기소침해질 수밖에 없다.

'회사는 전쟁터지? 나가면 지옥이야.'

드라마로도 제작되었던 윤태호의 《미생》에 나오는 대사다. 직장인에게는 특히 깊은 인상을 주는 말이다. 회사를 그만둔다고 하던 동료에게 내 말인 양 전하기도 했다. 이 말을 듣고, 다니던 회사를 그만두는 당사자는 어떤 기분일까?

새로운 일을 시작할 때는 불안할 수밖에 없다. 그 선택의 결과가 어떨지는 시간이 흘러봐야 안다. 결과를 확신할 수 없기 때문에 아무 것도 하지 않는다면, 아무 것도 얻을 것이 없다. 그래서 때로는 무모한 도전이 필요하다. 불안하고 힘들겠지만 말이다.

그럴 때 누군가 단 한사람이라도 꿈을 지지해 주고 격려해 주는 사람이 있다면 큰 힘이 된다. 불안한 마음에 우물쭈물할 때, 더 나은 선택을 할 수 있도록 힘을 실어주는 사람이 있다면 용기가 생길 것이다. 누군가의 지지와 격려에 우리가 얼마나 큰 힘과 용기를 얻는지는 경험해 본 사람만이 안다. 반대로 대다수의 사람들이 반대할 때, 그것을 혼자만의 의지로 극복하기가 얼마나 힘든지

도 안다.

꿈을 향해 치열하게 살아본 사람만이 다른 사람의 꿈을 응원해 줄 수 있다. 그런 삶을 사는 사람들이 비슷한 상황에 놓인 사람들을 이해하고 지지해 주는 것이다. 그래서 숱한 반대에도 불구하고 새로운 일이나 꿈에 대해 도전 의지를 활활 불태우고 싶다면, 꿈을 이룬 사람을 찾아가는 것이 가장 좋은 방법이다.

작가가 되고 싶다면 작가를 만나면 된다. 책을 쓴 작가들은 누구나 마음먹으면 책을 쓸 수 있다고 말한다. 그래서 그들은 책을 쓰려는 사람들에게 용기와 힘을 주는 말만 한다. 반대로 책을 써 보지 않은 사람들은 책쓰기는 아무나 하는 게 아니라고 말한다. 꿈을 향한 도전 의지를 활활 불태우고 싶다면, 그 꿈을 지지해 줄 단 한사람을 만나야 할 이유다. 내가 꿈꾸는 것을 이룬 사람이라면 더욱 좋다.

깜깜한 동굴 속에 사는
나는 누구일까?

나는 누구인가? 나는 왜 이 세상에 왔으며, 내게 주어진 사명이 무엇일까? 하는 질문을 가끔 떠올린다. 내 존재에 대해 깊이 생각하는 순간, 내가 보고 있는 이 세상에 대한 관점도 평소와 달라지는 경험을 수없이 많이 했다. 지금 내 눈에 보이는 세상이 전부가 아니라는 것, 내가 느끼는 것이 전부가 아니라는 것을 말이다.

나와 세상을 연결해 주는 것이 무엇인지 생각을 거듭하다 보면 평소와 다른 생각에 도달하게 된다. 내가 느끼는 것이 내가 알 수 있는 전부라는 결론이 그것이다. 나는 내 감각에 의존해 세상을 이해한다. 그리고 그것이 내가 가진 한계다. 오감으로 느끼는 세상이 실제 세상과 일치하는지의 여부를 나는 사실 알 수 없다.

단 한가지만 알면 누구나 똑같은 결론에 이른다.

이런 생각을 한번 해보자. 생각은 두뇌가 한다. 그런데 두뇌는 어디에 자리하고 있는가? 두뇌는 나의 두개골 안에 숨어 있다. 두뇌는 아무 것도 보이지 않는 깜깜한 공간 속에 있는 셈이다. 이런 두뇌가 세상을 감지하는 방법은 두뇌와 연결된 감각기관들을 통해서일 뿐이다.

플라톤의 동굴의 비유가 떠오른다. 깜깜한 동굴 속에서 세상을 바라보는 유일한 방법은 동굴 벽에 비친 그림자를 통해서다. 그 동굴과 같은 곳에 두뇌가 자리하고 있다.

우리 뇌는 동굴에 사는 사람들처럼 시각, 청각, 촉각, 미각, 후각을 통해 들어온 간접 정보만으로 세상을 느낀다. 오감을 통해 들어온 현실의 그림자를 보고 있는 것이다. 뇌가 직접 세상과 접촉하고 있는 게 아니다. 하지만 우리는 내가 직접 보고 듣고 느끼는 것처럼 착각한다. 직접 세상을 감지하고 산다고 철석같이 믿는다.

이런 상상을 해보자. 우리가 가진 모든 감각이 마비된다면, 그때 우리는 세상과 완전히 단절된다. 눈만 보이지 않아도 치명적인 감각 하나를 잃는다. 절대로 세상이 어떤 이미지를 가지고 있는지 알 수 없다.

우리는 세상을 있는 그대로 보거나 느낄 수 없다. 이런 사실을 알고 세상을 바라보면 세상에서 일어나는 모든 일에 겸손하게 다가가게 된다. 내가 보는 것, 내가 듣는 것이 전부가 아니란 걸 알기 때문이다. 섣부른 판단을 하지 않는다.

내가 보고 듣고 맛보고 냄새 맡고 느낄 수 있는 것에 감사하게 된다. 그리고 그런 감각이 주는 정보를 절대적으로 신뢰해서는 안 된다는 사실도 알게 된다. 함부로 사람이나 세상을 내 맘대로 재단하지 않는다. 편견을 가지지 않게 된다.

내가 보는 것, 내가 느끼는 것이 절대적이라는 오만한 생각이 들 때, 나는 그저 내 몸 속에 자리 잡은 두뇌 같은 존재라는 사실을 떠올려 보자. 나 자신과 세상을 다른 관점으로 볼 수 있을 것이다.

우리가 아는 것은 우리가 경험한 것이 전부다. 세상에서 일어나는 모든 일을 우리는 경험할 수 없다. 그리고 감각으로 느낄 수 없는 것들도 많다. 우리가 경험하지 못한 만큼, 우리가 느끼지 못한 만큼 우리는 모르는 존재다. 아는 것보다 모르는 게 훨씬 많다는 의미다. 그래서 끊임없이 배우고 깨닫기를 반복한다. 경험이 늘어날수록 새로운 깨달음을 얻는 이유도 이런 것이다.

우리가 가진 이런 한계를 알고 세상을 대한다면 더 겸손하게 자세를 낮추게 된다. 그리고 더 많이 배우고 깨닫기 위해 노력하게 된다. 배우려는 노력, 깨달음을 얻으려는 노력을 전혀 하지 않는다면, 깜깜한 두개골 속 두뇌가 가진 한계를 그대로 지닌 채 사는 편협한 인간으로 살 뿐이다.

걷다가 뛰는
즐거움을 맛보다

직장에서는 앉아서 보내는 시간이 대부분이다. 그러니 몸이 건강할 리가 없다. 관리하지 않는다면 말이다. 그래서 퇴근 후 집으로 가는 대중교통을 이용할 때는 앉을 자리가 있어도 앉지 않는다. 하루 종일 앉아 지내는 몸인데, 나가서까지 굳이 앉을 필요가 없기 때문이다.

어떤 일로 방문한 장소에서 기다리는 동안 누군가 앉아서 기다리라고 하면 이렇게 말한다.

"하루 종일 앉아 지내는 걸요. 괜찮습니다."

점심시간에 식사 후 산책 겸 거리로 나가면, 유독 걷는 사람들이 많다. 사무실에서 일하는 직장인들이 대부분이다. 직장인들이 건강관리를 위해 점심시간을 이용해 유일한 운동시간을 갖는 것이다. 마음 편히 걷는 정도의 운동 기회도 직장인들에게는 제한된다.

하루 종일 앉아서 일하는 사람들에게 보이는 증상. 체중이 늘어나고, 자세가 나빠지고, 걷는 것을 싫어한다. 사무실만 지키던 사람들이 어느 날 외근을 갔다 들어오면 급 피곤해진다. 하루 동안 앉아서 쓰던 에너지를 외근 한번에 다 씨 버렸기 때문이다.

이처럼 직장인의 일상은 건강상태가 나빠질 수밖에 없는 구조다. 하루에 6시간 이상 의자에 앉아 있는 사람은 수명이 급격하게 줄어든다는 연구 결과도 있다.

그런 일상을 탈피하는 유일한 방법은 앉아서 지내는 몸을 걷는 몸, 뛰는 몸으로 바꾸는 것이다. 걷기만 잘 해도 건강관리에 도움이 된다. 단, 매일 걸어야 하고, 일정한 시간을 배정해서 걸어야 한다. 어쩌다 한번 걷는 것으로 운동을 했다고 말할 수는 없다.

시간을 정해 매일 30분 혹은 1시간을 꾸준히 걷는다면 앉아 있기에 익숙한 몸을 걷는 몸으로 바꿀 수 있다. 걷는 것이 익숙해졌다는 사실은 어떻게 알 수 있을까? 그렇다. 매일 걷고 싶어지면 걷기가 생활화 된 것이다. 걷기보다 앉아 있는 것이 더 좋고, 걷기가 귀찮게 느껴지면 걷는 몸이 아니다. 좀 더 독하게 걷기를 실천

해야 한다.

어느 날 나는 달리는 몸으로 바꾸기로 마음먹었다. 몸이 달리기에 익숙해지면 훨씬 더 건강해질 거란 기대로 운동화부터 사 두었다. 그리고 달리기를 일상으로 가져오는데 며칠의 시간이 소요됐다. 마음먹은 것을 즉시 실행으로 옮기지 못했기 때문이다. 달리기는 부담이 느껴지는 운동이다. 달리지 않고 보낸 시간이 너무나 길었기 때문이다.

주말 아침, 단 한번 집 주위 공원을 뛰기 시작하면서 달리기를 일상으로 가져올 수 있었다. 몇 주 동안 토요일, 일요일 아침마다 뛰었더니 뛰기가 좋아지기 시작했다. 처음엔 뛰기가 너무 힘들었다. 그래서 뛰다 걷다 반복하며 뛰었고, 그러다 몸이 뛰기에 적응하기 시작한다는 것을 알게 됐다. 쉬지 않고 뛰는 거리가 늘어나기 시작했다.

이제 내 몸은 뛰기에 익숙한 몸이 됐다. 주말에는 이른 시간에 저절로 눈이 떠진다. 주말이 주는 편안함 때문에 새벽 일찍 깨던 습관이 있다. 일어나자마자 가벼운 옷차림으로 밖으로 뛰어나간다. 걷기 시작해서 뛰고 걷기를 반복하다 나중에는 뛰는 시간을 늘린다. 이제 그게 즐겁다.

조금만 뛰면 숨을 헐떡이던 몸이, 가슴에 느껴지는 통증 때문에 오래 뛸 수 없던 몸이, 이제는 숨이 차올라도 '조금만 더, 조금만 더' 하고 더 큰 고통도 견딜 수 있는 몸이 됐다. 그리고 달리고 난 후 운동을 했다는 뿌듯함과 온몸으로 느껴지는 희열 때문에 달리기를 그만 둘 수가 없게 됐다. 걸을 때는 몰랐다. 달리는 게 이렇게 좋은지.

5초 안에
말해야 합니다

'당신의 소원은 무엇입니까?' 하고 알라딘에 나오는 램프의 요정이 묻는다.

어떤 소원이 먼저 떠오르는가? 참 기분 좋은 상상이다. 내가 원하는 것을 뭐든 이룰 수 있는 기회가 현실에서는 흔하지 않으니 말이다. 그런데 갑자기 램프의 요정이 이렇게 말한다. '5초 안에 말해야 합니다'. 그리고 카운트다운을 시작한다. 5, 4, 3, 2, 1 땡!

이럴 때 당황하지 않고 즉시 말할 수 있는 소원이 있는지 살펴보자. 원하는 것을 항상 떠올리며 살지 않았다면, 이루고 싶은 꿈이 무엇인지 명확하지 않았다면, 일생일대의 소원성취 기회를 그냥 날려 버릴 수도 있다.

5초라는 제한 시간 내에 대답할 수 없다면, 간절히 바라는 꿈이 없다는 말이다. 아니면 막연한 꿈만 꾸며 살고 있는 것이다. 혹은 아예 꿈이 없던가.

꿈을 가지고 살라는 말을 하는 게 아니다. 꿈이 없이 살아도 행복하다면 그것으로 충분하다. 하지만 막연한 꿈이라도 가지고 있다면, 바라는 것이 구체적이어야 성취할 가능성이 높다.

꿈을 이루려면 꿈을 향한 발걸음이 계속 이어져야 한다. 꿈을 이루기 위한 노력이 필요하다. 꿈을 꾸지만, 노력이 뒷받침되지 않는다면 그 꿈은 그야말로 램프의 요정만이 들어줄 수 있는 가짜 꿈이다.

꿈을 가진 사람은 매일 그 꿈을 위한 활동들로 일상을 채운다. 꿈을 현실로 만들기 위해 구체적인 노력을 한다. 이런 사람들만이 '당신의 꿈은 무엇입니까?' 혹은 '당신이 바라는 것이 무엇입니까?'란 질문에 즉시 대답할 수 있다.

똑같은 질문을 받고, 곰곰이 생각해야 한다면 그 꿈은 정말 내가 원하는 꿈이라고 할 수 없다. 한참을 고민해야 떠오르는 꿈이 내가 원한 꿈이라고 할 수 있을까?

살아오는 동안 꿈을 꾸며 사는 삶에 익숙하지 않아서 그렇다. 좀 무모한 꿈을 꾸면 말도 안 된다는 부정적인 피드백을 받아 왔기 때문이기도 하다. 성장하며 겪었던 각종 부정적인 환경은 스스로에 대한 생각과 미래에 대한 기대도 부정적으로 만든다.

막연하게라도 더 나은 삶을 기대한다면 꿈을 꾸는 방법을 바꾸는 게 좋다. 막연하게 꿈을 꾸기보다 하루하루가 그 꿈을 향해 나가는 여정이 되도록 만들어보자는 것이다. 매일 매 순간이 내가 원하는 목적지로 가는 과정이라고 여기면 삶을 대하는 태도는 달라진다. 그냥 살아지는 대로 살 때와 비교할 수 없는 가치를 일상에서 발견하게 된다.

그렇다면 꿈을 명확하게 정리하는 방법은 무엇일까?

우선 생각하는 시간을 가져야 한다. 내가 가진 꿈이 무엇인지 모른 채 사는 사람들이 많다. 생각할 시간조차 없이 살기 때문이다. 그냥 살아가기에 바쁜 사람들이 대체로 꿈이 없다. 그럴수록 삶에 대해 생각하고, 꿈에 대해, 그리고 자신의 미래에 대해 생각하는 시간이 필요하다.

펜을 들고 종이에 정리해 보자. 나는 어떤 꿈을 가지고 있는가? 내가 원하는 나의 미래가 무엇인가? 그리고 그 꿈을 이루기 위해 매일 무엇을 할 것인가를 써 놓으면 그것으로 족하다. 그리고 매일 하기로 했던 일을 우선 실행하면 된다.

'당신의 소원은 무엇입니까?' 하고 물을 때, 5초 안에 답할 수 있는 자기만의 목표나 꿈이 있는 사람은 매일매일의 일상이 다르다. 하루하루가 꿈에 다가가는 시간이 되기 때문이다. 시간을 허투루 쓰지 않게 된다. 결국 시간의 힘이 꿈을 이룰 수 있는 가능성을 높여준다. 꿈을 향한 여정이란 그런 것이다.

즉시 행복해지는
나만의 도구

　　　　　　　　　　누구나 행복하게 살고 싶어 한다. 그래서인지 행복을 이야기하는 글이나 책을 자주 만난다. 행복에 관한 글이 흔한 이유는 스스로 불행하다고 느끼며 사는 사람이 많기 때문이 아닐까?

　　행복은 외부에서 주어지는 게 아니라, 내 안에서 찾는 것이라고들 한다. 스스로 어떻게 느끼느냐가 기준이란 얘기다. 외부에서 행복을 찾는 사람은 늘 행복에 목마름을 느낀다. 환경은 내 마음대로 할 수 있는 게 아니기 때문이다.

　　나의 내면을 어떤 상태로 가꾸느냐가 관건이다. 행복하다고 느끼면 행복한 것이고, 불행하다고 느끼면 불행한 것이다. 그런데 문제는 행복하자고 마음먹어도 마냥 행복해지지 않는다는 데에 있다. 행복감은 저절로 생기는 게 아니기 때문이다.

　　살펴보면 우리가 행복해야 할 이유는 넘쳐난다. 단지 살아 있어서, 건강하기 때문에, 사랑하는 이가 주위에 있기에, 부족한 것 없이 살기 때문에 우리는 이미 행복하다. 행복해야 할 이유는 많지만 그것을 행복이라 여기지 못하기 때문에 불행하다고 느낄 뿐이다. 그래서 행복은 주관적인 것이라고 한다.

이미 행복하지만 행복감을 느끼지 못한다면 그것을 채우는 방법은 딱 한가지다. 우리가 행복한 이유를 자주 떠올리는 것. 일상을 항상 행복감으로 채우고 싶다면 자기 나름의 비법만 가지고 있으면 된다. 이미 가지고 있는 것을 활용하는 방법이다.

많은 사람들이 추천하는 행복해지는 방법, 그 중 몇 가지를 떠올려 보자. 자주 웃기, 감사하기, 사랑하기, 남을 돕고 배려하기 등등 여러 가지가 떠오른다.

누군가는 분명히 이 중 한가지 혹은 몇 가지를 실천하며 행복한 경험을 했기 때문에 많은 사람들과 공유했을 것이다. 이런 행복 도구들을 항상 떠올릴 수 있는 방법을 찾아 꾸준히 실행만 한다면 같은 경험을 할 수 있다.

내 머릿속에 자리 잡은 공식이 하나 있다. 행복감을 유지하는 나만의 방법이라 나만의 행복 비법이라고 소개하고 싶다.

행복 = 미감 + 사배

나를 위해 미소 짓고 감사하면서, 남들을 위해 사랑하고 배려하자는 의미를 공식으로 만든 것이다. 이 말만 떠올리면 그 순간 내가 해야 할 일은 단 한가지뿐이다. 미소 지으며 내가 처한 현실에 감사하는 것이다. 이 단순한 생각을 실행하는 것만으로 매일을 행복하게 보낼 수 있다. '미감'은 미소 짓고 감사하자는 의미다. 그냥 감사하기보다 웃으며 감사한 일을 떠올리면 훨씬 더 행복해진다. 이것은 나만의 비결로 항상 활용하던 방법이므로 꼭 한번 따라해 보기 바란다.

　많은 사람들이 감사를 실행에 옮기기 위해 감사일기를 쓴다. 하지만 글로 쓰고 나면 감사함은 그것으로 끝일 때가 많다. 글로만 감사함을 떠올릴 게 아니라 자주 웃으면서 내가 감사한 이유들을 떠올려 보면 행복감은 훨씬 높아진다. 웃으며 감사하면 그냥 감사할 때보다 더 감사하고 행복해진다.

　내가 매일 상대하는 사람들을 사랑하고 배려하는 마음으로 대해 보자. 이런 태도를 갖게 되면 상대방을 더 세심히 배려할 수 있다. 그러면 상대도 나의 이런 태도를 느끼고 나에게 호감을 가지고 대하게 된다.

　행복이란 긍정에너지를 항상 붙들 수 있을 때 오래 지속된다. 지금 떠올리기만 해도 내가 행복해지는 나만의 도구로 공식을 만들어 활용해 보자. 적어도 그 순간만큼은 기분이 달라지는 경험을 할 수 있을 것이다. 그런 경험이 누적되고 그것이 습관이 되면 일상이 곧 행복이 된다. 행복은 나의 내면에서 찾는 것이란 사실, 내가 마음먹기에 달려 있다는 사실에 더 깊이 공감하게 된다.

비교에 능숙한 내가
행복해지는 방법

　　　　　　　　　　우리가 불행하다고 느끼는 이유는 무엇일까? 많은 이유가 있겠지만 그 중 하나는 자신을 남들과 비교하는 것이 익숙하기 때문이다. 나보다 더 잘 된 사람, 더 똑똑한 사람, 더 많이 버는 사람, 더 건강한 사람들과 비교하면 나는 항상 부족하고 불행할 수밖에 없다.

　그렇게 본다면 요즘은 특히 불행을 느끼기 쉬운 환경이다. 각종 매체나 SNS를 통해 나보다 더 잘 생긴 사람, 더 예쁘고 몸매가 좋은 사람, 더 부유한 사람들의 이야기를 쉽게 접할 수 있기 때문이다. 그런 정보들 때문에 나는 상대적으로 늘 부족하고 모자란 것처럼 느껴진다. 상대적 박탈감도 가지게 된다.

　내가 키가 큰지 작은지의 여부는 내가 아는 사람들의 키가 기준이 된다. 그래서 주위에 나보다 큰 사람이 많으면 나는 작은 사람이 된다. 하지만 나보다 작은 사람이 있는 곳에 가면 나는 키가 큰 사람이 된다. 나보다 잘 생기고 세련된 사람들이 모인 곳에 가면 나는 초라해 보이지만, 반대인 집단에 가면 나에 대한 이미지

는 또 달라진다.

　나는 아무리 바빠도 일주일에 한두 권 정도의 책을 읽고 있다. 책을 단 한 권도 읽지 않은 사람들은 내가 책을 많이 읽는다고 감탄한다. 조금 우쭐해지기도 한다. 그런데 하루에 한 권 이상 읽는 독서가들이 있다. 하루에 10권씩 읽는 사람들도 있다. 그런 사람들을 만나 이야기를 해보면 나는 책을 거의 읽지 않는 사람이다. 그래서 어디를 가든 나는 책을 좀 읽는다는 얘기를 하지 않는다. 오히려 부끄러운 생각이 든다.

　이처럼 우리 자신을 판단하는 기준은 절대적인 게 아니다. 기준을 어디에 두느냐, 어떤 환경에 있느냐에 따라 달라진다. 이것은 걸리버 여행기의 주인공인 걸리버가 소인국에서는 거인이고, 거인국에서는 소인이 되는 것과 같다. 무능한 사람이 많은 곳에 있으면 나는 유능한 사람 같고, 유능한 사람이 많은 곳에 있으면 내가 바보처럼 느껴진다. 하지만 그 어느 것도 맞다고 할 수 없다. 나는 그저 나일뿐이다.

생각만 바꾸면, 환경만 바꾸면 얼마든지 나의 이미지는 바뀔 수 있다. 세상에 절대적인 것은 없다.

한국웃음연구소 소장인 이요셉 소장은 무척 키가 작아 고민이었다고 한다. 그는 자신의 작은 키에 대한 콤플렉스를 극복한 방법을 이렇게 소개한 적이 있다.

"땅에서 키를 재면 작은 키지만, 하늘에서 길이를 재면 내가 제일 크다."

얼마나 멋진 발상의 전환인가. 키가 크고 작고는 기준만 바꾸면 달라지는 주관적인 판단일 뿐인 것이다.

열등감의 기준은 사회적 통념에 의한 것도 있지만, 자신이 정한 기준이 잘못됐을 수도 있다. 비교 기준을 잘못 정하면 그렇다.

비교 대상을 누구로 정하느냐에 따라 나는 극히 행복한 사람일 수 있다. 이런 말을 자주 인용한 것을 본다. '오늘 하루는 어제 죽은 이가 그토록 간절하게 바라던 것이다.' 시한부 인생을 사는 사람을 마주하고 있다고 생각해 보자. 죽음을 앞두고 힘겨운 사투를 벌이는 사람을 보면 안타까운 한편, 자신은 똑같은 처지가 아니라는 사실에 깊이 안도하게 된다.

이런 식의 발상전환이 나를 행복한 사람으로 만든다. 결국 모든 것은 상대적이다. 내 생각이 나를 만든다. 긍정적인 마음가짐이 중요한 이유다.

내 인생에 꼭 필요한
세 가지 습관

　　　　　　　　　　　　　　습관이 중요하다는 것은 모든 사람이 다 알고 있다. 굳이 습관이 왜 중요한가에 대해 이야기하기도 진부해질 정도로, 책에 조금이라도 관심이 있다면 습관에 대한 책을 적어도 한 권 정도는 봤을 것이다.

　그래도 습관이 왜 중요한지 한번만 더 짚고 넘어가 보자. 사람들은 습관의 동물이라고 할 만큼 익숙한 행동이나 사고에 젖어 산다. 습관적으로 행동하고, 습관적으로 사고한다. 정해진 틀 안에서 사고하고 행동한다는 의미다. 그런데 습관 중에서도 좋은 습관, 나쁜 습관이 있다. 긍정의 습관, 부정의 습관이 있다.

　좋은 습관, 긍정의 습관을 가지고 있으면 좋겠지만, 나쁜 습관, 부정의 습관을 가지면 일상이 그런 습관의 지배를 받아 삶이 질이 나빠진다. 그런데 나쁜 습관이 있는지를 자기도 잘 모른다. 습관은 나도 모르게 이미 익숙해져 버린 것이기 때문이다. 나쁜 습관을 발견하고 고치려면 섬세하고 치열한 노력이 필요하다.

　나쁜 습관은 마약과도 같은 것이어서 좀체 벗어나기 어렵다.

극약 처방이 필요하다. 지금은 육체와 정신 건강이 이전보다 훨씬 더 중요해졌다. 많은 사람들이 정서적 혼란을 겪고 있다.

나쁜 습관을 끊어내고, 건강한 습관을 만들기 위한 처방책으로 나는 평생토록 가져야 할 좋을 습관 세 가지를 말하고자 한다.

그 세 가지는 독서, 글쓰기, 운동이다.

이 세 가지 모두 평소 습관이 아니라면 시작하기 힘든 것들이다. 누군가 이게 좋다고 얘기할 때만 실행으로 옮겨서는 절대로 습관이 되지 않는다. 반드시 매일 꾸준히 포기하지 않고 지속해야 습관이 만들어진다.

독서가 습관이 되면 어디를 가든 책을 한 권 가지고 가게 된다. 하루라도 책을 읽지 않으면 입안에 가시가 돋고, 머리가 굳어지는 느낌을 받는다.

글쓰기가 습관이 되면 매일 아침 글쓰기로 하루를 연다. 뇌를 말랑말랑하게 단련하는 방법으로 글쓰기만큼 좋은 게 없다. 독서 또한 머리를 쓰는 활동이지만 글쓰기에 비할 수는 없다. 창의적인 뇌로 단련하고 싶다면 독서에 힘쓰는 동시에 글쓰기에도 힘써야 한다.

운동이 습관이 되면 운동하는 시간을 어떻게든 만들게 된다. 하루라도 운동을 하지 않으면 몸에서 생기가 빠져나가는 것 같이 느껴진다. 일상을 활력으로 채우기에 운동만큼 좋은 것도 없다. 운동은 신체를 튼튼하게 할 뿐만 아니라, 뇌에도 중요한 자극을 준다는 사실은 잘 알려져 있다. 이것이 궁금한 독자들에게 존 레이티와 에릭 헤이거먼이 쓴 《운동화 신은 뇌》를 권한다. 이 책을 읽고도 운동을 하지 않으면 삶을 포기한 것이다.

독서, 글쓰기, 운동은 심신을 모두 단련하는 것이므로 험한 세상을 살기 위한 생존 기술이라고 할 수 있다. 이 세 가지를 평생 습관으로 가지고 사는 사람은 무한한 가능성을 가지고, 원하는 일을 하며 성공적인 삶을 살 수 있다. 하는 만큼 성취하고 사는 것이다. 좀 더 나은 삶을 살기를 원한다면 이 세 가지 습관을 좀 더 치열하게 실천하면 된다. 남들보다 10배는 더 많이 읽고, 10배 더 많이 쓰고, 10배 더 많이 움직이면 된다. 제대로 된 노력은 절대로 배신하지 않는다.

힘들 때 떠올려야
하는 것들

아침에 일어나 몸이 무겁고 힘들수록 아침 운동에 더 집착하게 된다. 몸이 피로감을 느낄 때, 잠을 청하기보다는 일어나 움직이는 게 훨씬 더 피로회복에 좋기 때문이다. 운동 효과를 딱 한번만 경험해 보면 저절로 그 사실을 알게 된다.

매일 피로를 쌓아가는 직장인들은 주말에 몰아서 피로를 풀려고 한다. 가장 편한 선택이 바로 잠자는 시간을 늘리는 것이다. 의식적으로 늘리는 게 아니라 몸이 그걸 원한다. 누워서 일어나지를 못하는 것이다. 그렇게 주말을 보내고 나서 출근하면 몸이 개운할까? 여전히 피곤한 상태다.

그래서 가능하면 주말에는 잠으로 피로를 풀려고 할 게 아니라 운동이나 등산과 같은 활동을 권한다. 이런 활동들이 피로회복에 훨씬 더 도움이 된다.

편안하고 싶은 마음을 흔들어 깨우는 말들이 있다.

'성장과 편안함은 공존하지 않는다', '괴로움과 역경을 즐길 수 있어야 성공한다', '불편함 속으로 자신을 밀어붙여야 성장한다', '괴로움을 피하면 성장할 수 없다', '편안과 안락은 지금은 좋지만 장기적으로 쇠퇴의 길을 가는 것이다' 등등.

사람은 편하고 싶은 본능을 가지고 있다. 뛰기보다 걷고 싶고, 걷기보다 서거나 앉고 싶고, 앉기보다 눕고 싶은 게 인지상정이다. 그런데 본능대로만 살면 해낼 수 있는 일이 없다. 뭔가를 성취하기 위해서는 불편함을 감수하고 노력하는 과정을 반드시 거쳐야 한다. 더 잘하고 싶으면 더 많이 힘써야 한다. 이것은 변하지 않는 진리다.

살아있는 동안 더 치열하게, 열정적으로 살아야 한다. 우리는 언젠가는 죽을 운명이고 누구도 그 운명을 피할 수 없다. 잠깐 살다 갈 생명이면서, 모든 것이 영원할 것처럼 느낄 때가 많다. 한번 성공하면 영원히 잘 나갈 것처럼 자만하고, 실패하면 영원히 실패한 것처럼 좌절한다.

지금 삶이 마치 영원할 것처럼 시간을 허비하며 사는 것도 이런 이유 때문이다. 우리는 언젠가 생을 마감할 것이고, 한순간도 허투루 보내서는 안 된다는 사실을 안다. 하지만 일상으로 돌아가면 이런 사실들을 까맣게 잊는다.

죽음을 앞두면 지나간 모든 시간들이 한순간처럼 느껴지기 마련이다. 죽음 앞에 서본 적도 없으면서 어떻게 그렇게 말할 수 있을까?

이미 지나온 시간들을 한번 돌아본다면 누구나 알 수 있는 사실이다. 지난 시간들은 내게 한번에 지나온 과거일 뿐이다. 아무리 큰 고통을 겪어냈다 해도 지나고 나면 아무 것도 아닌 것처럼 느껴진다. 그리고 우리는 습관적으로 이렇게 얘기하고 있다. 1년

이, 혹은 10년이 한순간처럼 지나갔다고.

　우리가 죽음 앞에 섰을 때도 마찬가지다. 60년을 살았던 100년을 살았던 지나간 과거는 그냥 과거일 뿐이고, 그 모든 순간들은 추억거리로 남을 뿐이다. 아무리 힘겹고 고통스러웠다고 해도 말이다.

　힘들다면 잘하고 있는 거라고 위안을 삼아보자. 어차피 원하는 삶을 살기 위해서는 힘써 노력하는 과정을 멈추면 안 된다. 가끔 휴식 시간이 필요하지만 그것은 단지 더 열심히 노력하기 위한 수단에 불과하다. 휴식을 위한 휴식은 죽고 나면 원 없이 할 수 있다.

　그러니 심신이 힘들 때, 용기를 잃거나 의기소침해지지 말고 더 큰 도약을 위한 기회라고 여기자. 그러면 오히려 힘을 얻게 된다. 힘든 순간을 겪는 것은 더 나은 미래로 도약하는 것이다.

내가 갈 곳을 알기 전에
반드시 알아야 하는 것들

내비게이션을 켜고 운전을 시작하면 간혹 당황할 때가 있다. 갑자기 내비게이션이 신호를 잡지 못하는 상황이 발생하는 것이다. 낯선 길을 달리기 시작했는데 길 안내가 시작되지 않거나, 갈림길에 들어섰는데 내비게이션이 안내를 하지 못하면 더 당황하게 된다. 길을 잘못 들어 먼 길을 돌아와야 할 때는 더욱 곤란한 상황이 된다.

내비게이션을 켰을 때 중요한 것은 내가 있는 지금의 위치를 잡는 것이다. 내가 어디에 있는지 모르면 목적지까지 가는 길을 안내할 수가 없다. 시작점이 분명해야 목적지까지 그림이 나오는 것이다. 그게 안 되면 숱한 시행착오를 거치거나 먼 길을 돌아서 갈 수도 있다. 그만큼 목적지로 향할 때 현 위치는 중요한 역할을 한다. 내가 있는 곳을 모르면, 목적지는 고사하고 다음 도로에서 어느 길로 접어들어야 하는지도 알 수 없게 되는 것이다.

우리가 살아갈 때도 마찬가지다. 어떤 삶을 살고 싶은지 분명한 목표가 있더라도, 현재 자신의 위치를 모르면, 어떻게 그 목표를 향해 갈지 막막할 수밖에 없다. 구체적인 경로나 방법을 알지 못하면 목표에 도달하지 못하거나 도달하는 시간이 지연된다.

살다 보면 목표가 없어 방황하기도 하고, 목표가 있어도 어디로 가야 할지 몰라 방황하기도 한다. 목표가 뚜렷하다고 해서 모두 다 그것을 이룰 수 있는 건 아니다. 적어도 목표를 세우고 행동하기로 했다면 자신이 어떤 위치에 있는지 알아야 한다.

브라이언 트레이시는 그의 저서 《GET SMART》를 통해 "성공의 무려 95%가 생각의 명료성에 달려 있다. 당신은 자신이 누구인지, 즉 당신의 강점과 약점, 특별한 재능과 능력이 무엇인지, 또 당신이 삶에서 무엇을 하고 싶은지가 뚜렷해야 한다"고 강조했다.

자신의 현재란, 마음가짐, 역량, 주변 환경과 같은 요소들을 미리 점검하는 것이다. 내 출발점은 어디인지, 그리고 목표에 이르기 위해 내게 필요한 것이 무엇인지를 먼저 파악하는 것이다. 그리고 목표 지점을 향해 가는 동안 나의 위치는 늘 관리되어야 한다. 그래야 길을 잃지 않는다.

연초가 되면 한 해의 목표와 계획을 세운다. 그때만큼은 의욕이 충만한 상태다. 그런데 한 해가 지나고 연말이 되면 어떤가? 애초의 계획들은 다이어리에만 적혀 있을 뿐 관리되지 않는다. 그것들은 다시 다음 해 해내야 할 목록에 들어간다. 똑같은 일상이 반복되는 것이다.

도착지를 향해 갈 때 자신의 현재 위치를 항상 관리하는 것만큼 중요한 것은 없다. 항상 자기 자신을 관리하는 것은 내가 어디로 향하고 있는지를 꾸준히 점검하는 것이다. 그 여정을 조금만 소홀히 해도 우리는 다른 지점에 도달하거나 제자리에 머물게 된다. 원하는 결과를 얻지 못하고 의미 없는 에너지 소모만 하는 것이다.

삶이 답답한 것은 목표가 분명하지 않기 때문일 수도 있고, 원하는 삶을 살아내지 못하기 때문일 수도 있다. 그럴 때일수록 자기 자신의 현 위치를 파악하려고 노력해야 한다. 내가 가진 역량이 어떤 것인지, 원하는 결과를 얻기 위해 얼마나 노력해야 하는지를 고민해야 한다.

결국 여유를 가지고 자기 자신을 파악하는 데 시간을 써야 한다는 얘기다. 나 자신을 돌아볼 시간도 없이 바쁘게 살면 가고자 하는 방향을 찾기 힘들다. 지금 현 수준에서 어떻게 해야, 그리고 어디로 가야 내가 원하는 목적지에 도달할 수 있는지 자주 점검해야 한다. 그게 되지 않으면 연결되지 않은 내비게이션을 보는 것처럼 출발도 못한 채 지금의 자리에서 맴돌게 될 것이다.

지금 이 순간에
내가 해야 할 것들

휴일 아침은 정말 편안하게 눈이 떠진다. 출근하는 날과는 다르게 몸이 반응한다. 아침 일찍 해가 뜨기 전에 밖으로 나간다. 새벽 공기 내음, 풀내음, 나무 내음이 처음 이런 날을 맞는 것 같은 느낌을 준다. 그날은 실제로 살아 있는 동안 다시는 경험할 수 없는 날이기도 하다. 매일 아침 일어나 맞는 날은 내 생애 첫 날이다. 처음 맞는 날이자 마지막 날인 셈이다.

공원을 거닐면 모든 게 다 새롭게 다가온다. 풀 한 포기, 나무한 그루, 돌멩이 하나, 어딘가로 뛰어가는 벌레까지. 그 순간이 주는 새로움에 흠뻑 빠져들기도 하고, 지금이 아니면 경험하지 못할 거란 생각이 들면 모든 것이 소중하고 애틋하게 느껴진다.

그런 느낌으로 공원을 걷고 있던 어느 날이었다. 두터운 구름으로 덮인 흐린 날, 해를 볼 거라고 전혀 예상치 못한 상황에서 햇살이 밝게 빛나는 지점이 눈에 들어왔다. 구름 사이로 해가 잠깐 얼굴을 내민 것이다. 마치 손가락으로 구름을 비집고 들여다보는

것처럼 아주 작은 틈으로 비치는 햇살이 신비로웠다.

순간 사진으로 담아야겠다는 생각이 들어 핸드폰을 들었다. 그런데 앞에 있는 나무들 때문에 시야가 가려 좀 더 잘 보이는 곳에서 찍겠다고 이동하는 도중에 해가 구름 속으로 다시 숨고 말았다. 다시 볼 수 있을 거라 생각하고 하늘을 계속 바라봤지만 언제 그런 틈새가 있었느냐는 듯 두꺼운 구름이 해를 가리고 있었다.

맑은 날이면 매일 볼 수 있는 해다. 물론 직접 눈으로 바라볼 수는 없지만, 해의 존재를 느낄 수 있다. 그렇게 생각하면 대수롭지 않게 넘길 상황인데, 지금 이 순간이 아니면 다시 못 볼 해라고 생각하니 아쉬움이 컸다. 자꾸 하늘을 쳐다봤다. 처음 해를 본 순간 사진을 찍어둘 걸 하는 생각까지 했다. 그때가 기회였는데, 그 순간이 마지막이었는데.

나무가 시야를 가렸어도 그때 사진을 찍어두었더라면 나중에 그처럼 아쉬워하지 않았을 것이다. 지금 내게 온 기회가 생애의 마지막 기회일 수 있다는 생각을 했더라면 무조건 사진을 찍어야 했다. 다음에도 기회가 있겠지 하는 안일한 생각이 순간의 기회를 날려버린 것이다.

한순간 놓치지 말아야 할 소중한 것들이 참 많다. 내가 사는 삶을 시간에 비유한다면 순간이 모여 이루어진 것이다. 그 순간에 일어나는 일, 만나는 사람, 모든 환경이 다 한순간에 나를 스쳐 지나간다. 매 순간 모든 것들이 다 소중한 것이다.

톨스토이의 세 가지 질문은 우리가 정작 소중하게 여기며 살아야 할 것이 무엇인지 알게 해준다. 그 세 가지 질문이란 이것이다.

이 세상에서 가장 중요한 시간은 언제인가?
이 세상에서 가장 중요한 사람은 누구인가?
이 세상에서 가장 중요한 일은 무엇인가?

이 세 가지에 대한 답은 '지금 이 순간', '지금 내가 만나는 사람', ' 지금 그 사람을 위해 좋은 일을 하는 것'이다. 모두 지금 이 순간에 해야 할 것들이다.

삶의 모든 순간은 한번 흘러가면 다시 돌려놓을 수 없다. 그래서 소중하다. 지난 시간은 돌아보면 애틋하고 아쉽기 마련이다. 하지만 지나고 나서 후회하고 애틋해 한들 무슨 소용이 있을까? 일상에 좀 더 관심을 쏟아야겠다는 다짐, 사랑하는 사람들을 더 소중히 여겨야겠다는 다짐을 하게 된다. 그렇게 해도 놓치는 것들이 많다. 그런 것들을 더 많이 챙겨보자고 결심한 아침이었다.

좋아질 걸
알기에 견딘다

　　　　　　　　　　주말이면 아침마다 조깅을 나간다. 비가 오나 눈이 오나 바람이 부나 뛸 수만 있으면 나간다. 처음 조깅을 시작했을 때는 한여름으로, 장마가 시작됐을 때였다. 마침 주말마다 비가 와서 비를 맞으면서 뛴 적이 많다. 비가 억수같이 내리는 날, 공원 벤치에 혼자 앉아 휴식을 취하기도 했다.

　비를 맞지 않아도 여름철 아침에 뛰다 보면 얼굴과 몸이 금세 땀으로 범벅이 된다. 평상시 생활할 때와는 달리 운동을 할 때는 땀이 나야 더 기분이 좋다. 찝찝하다는 느낌보다는 건강해진다는 느낌 때문이다. 그렇게 한참을 뛰고 나면 더 즐거운 상상이 나를 행복하게 한다. 집으로 들어가 샤워를 하고 났을 때의 상쾌함이 나를 기다리고 있기 때문이다.

　운동 후에 씻고 옷을 갈아입을 수 있기 때문에 더 열심히 땀을 내고 비를 맞고 다닐 수 있다. 그럴 상황이 안 되면 운동을 하더라도 가볍게 하고 말았을 것이다. 결국 씻고 휴식을 취할 수 있다는 생각 덕분에 힘겨운 운동도 더 열심히 버텨가며 한다.

감기나 몸살 때문에 가끔 아플 때가 있다. 과한 음주로 인해 힘든 날도 있다. 아무리 아파도 견딜 수 있는 건 약을 먹거나 휴식을 취하면 금세 나아질 거라는 기대 때문이다. 조금만 버티면 좋아질 거라는 희망이 없다면 우리는 아플 때마다 절망감에 빠질지도 모른다.

여행이 즐겁고 행복할 수 있는 건 돌아올 집이 있기 때문이라는 말들을 한다. 여독이 쌓이고 힘들어도 집으로 돌아가면 쉴 수 있다는 생각이 여행을 더 즐겁게 한다.

회사에 입사하면 신입사원들은 학교에서 배운 것, 혹은 그간 경력을 쌓아왔던 것과 전혀 다른 일을 해야 할 때가 있다. 어떤 일이든 새롭게 시작하는 일은 힘겨울 수밖에 없다. 그럴 때 열심히 배우고 훈련을 하면 누구나 익숙해지고, 시간이 지나면 전문가가 될 수 있다. 단지 처음이 힘들 뿐이다.

어떤 일이든 처음 시작할 때, 좌절하지 않는 방법은 자신이 노력하기만 하면 나아질 거란 기대와 희망을 가지는 것이다. 그리고 지금 해야 할 일에만 매진하면 된다. 좌절하거나 포기하지 않으면 된다. 어떤 성공자든, 어떤 전문가든 초보 시절이 있었다. 누구나 처음 시작할 때는 어려움을 겪는다. 그런 단계를 거치지 않고 성공하는 사람은 이 세상에 아무도 없다. 누구나 겪는 어려움이라 여기며, 지금 해야 할 일에 매달리면 시간이 모든 것을 바꾸어 놓는다.

지금보다 더 나아질 거라는 생각이, 희망이 현재를 꿋꿋하게 버티며 살아가게 해준다. 힘겨운 운동을 감수하는 것, 아파도 잘 버텨야겠다고 생각하는 것, 여행이 고단하고 힘들어도 즐거운 것은 이 시간이 지나고 나면 휴식 같은 시간, 회복할 수 있는 시간이 나를 기다리고 있기 때문이다. 그런 희망이 지금 이 시간을 살게 한다. 그래서 어떤 어려움을 겪더라도 나를 버티게 만드는 희망의 끈을 놓아서는 안 된다. 그래야 살면서 겪게 되는 인생의 굴곡들을 극복해 나갈 수 있다. 아플 때마다 절망하지 않을 수 있다.

　죽기 전까지는 내게 어떤 일이 벌어질지 아무도 모른다. 살다 보니 나한테도 이런 좋은 일이 일어나는구나 하고 행복해 하는 순간이 언제일지 모른다. 아무도 내일을 알 수 없기에 기대와 희망을 갖고 살아야 한다.

하루를 의미 있게 만드는
아주 쉬운 방법

TV에서 재미있는 장면을 봤다. 스트레스 때문에 힘든 환자가 한의사를 찾아 상담하는 장면이었다. 가슴이 답답하고 얼굴에 열이 난다는 환자에게 한의사는 독특한 처방을 했다. 한의사가 갑자기 큰소리로 웃기 시작했다. 잠시 웃더니 환자에게 말했다. 자기처럼 자주 웃으라고. 그러면 스트레스가 풀린다고. 아니 그래야 스트레스를 풀 수 있다고 했다. 그리고 뜸을 뜨고, 침을 놓는다.

웃음이 스트레스를 풀고, 기분 전환에 좋다는 사실은 막연하게나마 알고 있다. 그런데 그게 잘 안 된다. 웃을 일이 없어서라기보다 웃는 게 습관이 되지 않아서 그렇다.

가끔 이런 이야기를 농담처럼 할 때가 있다. 성인들 대부분이 하루에 웃는 시간이 단 몇 초도 안 된다. 그것마저도 행복하게 웃는 게 아니라 비웃는 거라고. 그만큼 우리 마음에 여유는 없어지고, 부정적인 마음이 자리하고 있는 것 같다.

'인생에서 가장 의미 없이 보낸 날은 어떤 날일까?'

이런 질문을 대하는 순간 자주 듣던 명언 하나를 떠올리게 된다. 인생에서 가장 의미 없이 보낸 날은 웃지 않고 보낸 날이라고 했던 미국 시인 에드워드 커밍스의 말이다.

이런 말을 듣고 나면 자연스럽게 웃음을 지어보게 된다. 그러면 얼굴 근육에 힘이 들어가는 느낌이 온다. 입을 양쪽으로 힘껏 당길수록 근육에 힘이 들어가는데, 이렇게 해보면 평소 얼마나 얼굴이 굳어 있는지 알 수 있다. 웃는 표정이 왠지 어색하게 느껴진다면 평소 잘 웃지 않는 것이다. 웃을 일이 별로 없을 수도 있고, 성격상 잘 웃지 않을 수도 있다.

웃으면 복이 온다. 표정이 밝으면 생각도 긍정적으로 바뀐다. 자주 웃는 사람은 더 건강하고 오래 산다고도 한다. 웃음이 주는 긍정적인 효과는 귀가 따갑도록 들었다. 그런데도 잘 웃지 않는다. 웃을 일이 없으니 웃지 않는다면서 말이다.

행복해서 웃는 것이 아니라 웃으니까 행복해지는 것이다. 웃는 행위가 우리 기분을 바꾸고 행복한 느낌을 갖게 한다. 그래서 잘 웃는 사람이 되려면 웃는 습관을 만들면 된다. 의식적으로 자주 웃는 표정을 지어보면 된다.

방법은 단 하나, 웃자고 자주 떠올려 보는 것이다. 습관이 되기 전까지는 의식적으로 자꾸 웃으려고 노력한다. 그런데 한두 번은 그렇게 하는데, 시간이 지나면 잘 안 된다. 필사적으로 거기에 매달리지 않기 때문이다. 떠올리지 못하는 계획은 그리 오래 가지 않는다. 그래서 가능하면 책상 앞에 '웃자!'라고 써 놓던지, 웃는 얼굴을 그려놓고 자주 들여다보는 것도 좋은 방법이다.

거울을 갖다 놓고 자기 얼굴을 자주 확인하는 것도 방법이 될 수 있다. 그렇게 하면 평소 얼마나 딱딱한 표정으로 사는지 알게

된다.

　자주 웃는 표정을 지어보면 얼굴 근육이 그렇게 단련된다. 웃는 습관이 얼굴 표정을 바꾸는 것이다. 표정이 바뀌면 사람들을 대하는 태도도 바뀐다. 상대방의 태도도 바꾼다. 긍정에너지로 주위를 물들이는 것이다.

　지금 웃는 표정을 지어보고 얼굴이 경직된 느낌이 든다면, 웃는 습관 갖기 프로젝트에 들어가야 한다. 그래야 하루를 긍정적인 의미로 채울 수 있다. 순간순간을 웃으며 대할 수 있는 사람은 일상을 다르게 산다. 긍정적이고 적극적으로 일상을 대하기 때문이다. 웃지 않고 보낸 날은 의미 없이 보낸 날이 되지만, 웃는 습관을 가지고 살아가는 일상은 자신이 만들어가는 일상이 된다.

내가 원하는 삶이
무엇인지를 항상 떠올려라

이런 제목의 기사가 난 적이 있다.

'가난, 인간의 뇌를 바꾼다.'

경제력과 뇌의 연관성을 연구한 과학자들이 가난과 뇌 발달의 연관성에 대해 밝혀낸 사실을 담은 기사다. 결론만 말한다면 가난하면 지능이 저하된다는 내용이다. 섭취하는 영양소가 부족하고 경험하는 것이 제한되기 때문에 뇌 기능에 문제가 생긴다고 한다.

기사를 읽다가 주목한 내용이 있다.

'돈이 없는 사람들은 금전적인 부분에 많은 신경을 쓰다 보니 뇌의 일부가 항상 스트레스를 받는다. 이 과정에서 인지기능이 떨어지기도 한다.'

가난하면 뇌 인지기능이 떨어져 잘못된 결정을 내리거나 실수할 가능성이 높다고 한다. 인지능력을 관장하는 뇌는 일정한 공간을 갖는데, 이 공간에 금전적인 부분에 대한 걱정이 들어서면 그만큼 다른 데 머리를 쓰지 못한다는 것이다. 결국 가난한 사람은 경제적인 문제로 고민하느라 다른 생각은 안 하고 살게 된다.

열심히 살았는데 내 삶은 왜 이런가 한탄하며 살아서는 안 된다. 그것은 배가 엉뚱한 곳에 도착했는데 나는 단지 열심히 노를 저었을 뿐이라고 말하는 것과 같다. 어디로 가는지 방향은 알고 열심히 노를 저어야 한다.

바쁜 삶에 방향이 있을 리 없다. 구체적으로 생각하고 고민하는 시간을 가지지 못한다. 생각할 여유가 있어야 다른 생각을 하게 되고, 원하는 것을 찾는다. 생각할 여유가 있어야 다른 길을 찾을 수 있다는 얘기다. 내 생각을 주어진 일상으로만 채우면 내가 원하는 삶을 살 기회는 차츰 사라진다.

생각하며 살라는 말은 사실 막연하다. 뭘 어떻게 생각할 것인지 방향을 잡을 수 없기 때문이다. 방법을 한가지 제안하면 바로 글을 쓰는 것이다. 혼자 있는 시간을 가지고 종이와 펜만 준비하면 된다. 그리고 지금 떠오르는 생각들을 정리해 보는 것이다.

뭘 쓸까 고민하지 말고, 떠오르는 생각은 다 써보는 것이 좋다. 그렇게 쓰다 보면 지금 나의 일상에 대해, 내가 원하는 것에 대해, 나의 미래에 대해서도 써보게 된다. 어떻게 하자고 계획하지 않아도 글을 쓰다 보면 어떤 생각에 자연스럽게 이르게 된다. 자기 자신에 대해 깊이 있는 생각을 하게 되는 것이다.

SNS가 발달하면서 오직 나를 위한 시간을 갖기가 힘들어졌다. 내 생활을 살피기보다 남들이 어떻게 사는지, 무엇을 하는지에 관심을 더 가지게 됐다. 뭘 해야 그들처럼 될 수 있는지를 더 신경 쓰는 것 같다. 남들과 비슷한 내용, 비슷한 사진으로 블로그나 SNS를 장식한다. 누구를 위해 그렇게 하는 것인지도 모른 채 말이다.

나를 둘러싼 환경에 대해서가 아니라 오로지 나 자신에 대해서만 생각하는 시간을 자주 갖자. 그 시간을 희생하면 내 인생을 허비하게 된다는 사실이 과학적으로도 밝혀지고 있다. 원하는 삶이 있다면 그것을 자주 생각하고 떠올려야 한다. 그래야 온 신경이 거기에 집중하게 된다. 그리고 어떻게 사는 것이 제대로 된 삶인지도 고민하게 된다.

삶의 단편만 살피면 우리 두뇌도 그렇게 단련된다. 다양한 자극을 가해야 두뇌가 새롭게 단련되고 변화를 시작한다. 뇌가 우리 일상을 바꾼다는 사실은 현대 뇌과학이 증명해내고 있다. 부자가 되고 싶다면, 성공하고 싶다면 거기에 맞는 자극을 뇌에 가해 주어야 한다.

지혜롭게
사는 길

　　　　　　　　　　눈에 문제가 생겨 병원에서 수술을 받은 적이 있다. 처음엔 단순한 눈병인 줄 알았다. 병원에 갔다가 청천벽력 같은 진단을 받았다. 수술이 급하니 즉시 입원하라는 얘기를 듣게 된 것이다. 의사는 더 늦었으면 실명할 뻔했다는 간담이 서늘한 이야기까지 했다. 양쪽 눈에 다 문제가 있어 입원하는 당일, 두 눈 모두 붕대로 가린 채 하루를 보냈다.

　눈을 모두 가리고 병상에 누워 있는 동안 별의별 생각이 다 들었다. 이대로 아예 앞을 보지 못하는 건 아닌지. 내 가족들, 특히 어린 두 아들의 얼굴이 눈앞에서 자꾸 어른거렸다.

　볼 수 있다는 것이 정말 대단한 혜택을 누리고 사는 것이구나 하는 생각을 하며 밤을 새웠다. 그때만큼은 눈만 회복되면 더한 행복은 없을 것 같았다.

　수술을 하고 힘든 회복기간을 보냈다. 수술을 두 번 했을 정도로 상태가 좋지 않았다. 다시는 그런 경험을 하기 싫을 정도로 힘든 시간이었다. 다행히 지금은 생활하는 데에 큰 불편함은 없다.

수년이 지난 지금은 가끔 안과에 들러 정기 검사만 하고 있다. 수술 당시만 해도 눈만 건강해지면 더 바랄 게 없었다. 눈만 회복되면 세상 누구보다 행복할 것 같았다.

그런데 그때의 간절했던 마음은 이미 사라진지 오래다. 그때 그 마음이었다면 오늘도 세상을 볼 수 있음에 감사하며 행복감에 넘쳐야 한다. 그 순간을 다시 떠올리며, 지금은 다행이고 행복하다고 느끼고 살아야 한다. 하지만 정상적인 일상으로 돌아온 지금은 그때와는 다른 마음이 되어버렸다.

인생은 유한하다는 의미로 메멘토모리란 말을 자주 쓴다. 우리는 언젠가 죽는다는 사실을 떠올리라는 것이다. 그런데 이 말을 떠올린다고 해서 사람들이 삶에 대한 애착을 느끼고 가치 있는 삶을 살고자 노력할까?

나는 불가능한 일이라고 생각한다. 죽기 직전의 절박한 순간에 직접 처한 게 아니라면, 그 순간을 겪는 사람처럼 느낀다는 것은 사실상 불가능하다. 아무리 삶은 유한하니 한순간도 허비하지 말라고 해도 대부분의 사람들은 그냥 흘려듣는다.

TV에서 이런 실험을 하는 프로그램이 있었다. 연예인 세 명이 건강검진을 받는다. 그리고 검진 결과를 듣는 자리에서 의사가 '몇 개월 남지 않은 것 같다'는 말을 한다. 시한부 선고를 내린 것이다. 세 사람 모두 표정이 순식간에 얼어붙는다. 한사람은 눈물짓고, 한사람은 멍한 표정으로 의사를 바라보고, 한사람은 겉으로는 허허 웃으면서 '이게 무슨 소리야?' 하고 못 믿겠다는 표정이다. 결론은 앞으로 가족들과 보낼 수 있는 시간이 길어야 몇 개월밖에 안 된다는 것. 실제 모든 사람들에게 해당되는 말이다. 죽기 전에 가족과 몇 시간이나 더 보낼 것 같은가?

죽음 앞에 미리 서 봤던 세 사람은 가족과 함께 보낼 시간을 우선 계획하게 된다. 인생의 소중함, 그리고 가족의 소중함을 일깨운 계기가 되었다. 당사자들뿐 아니라 시청자들에게도 깊은 공감을 불러일으켰다. 이처럼 죽음을 생각하면 삶에 대한 관점은 순식간에 바뀐다.

우리의 삶은 언제 끝날지 알 수 없다. 그런데도 불안하기보다 영원히 살 것처럼 막연하게 산다. 그러니 죽기 전에 후회할 일이 산더미 같이 쌓이는 것이다.

내일 죽을 것처럼 치열하게 사는 사람이 정말 지혜로운 사람이다. 내일 죽을 것처럼 느끼며 살 수는 없지만, 그런 태도로 살면 인생에 대한 후회는 줄어든다.

삶을 우울하게 만들려는 것이 아니라 살아 있는 순간을 더 의미 있게 만들자는 뜻에서 하는 말이다. 당장 내일 죽는다면 지금 당장 해야 할 일, 하고 싶은 일을 한두 가지라도 정리해 보자. 그리고 그것을 지금 바로 실행해 보자. 간절함을 오래 유지하는 것, 이것이 지혜롭게 사는 방법이다.

1초가 소중해야
시간을 귀하게 쓴다

독서 고수로 알려진 김병완 작가의 책 《내 인생의 기적은 한 권의 책에서 시작되었다》에는 이런 말이 나온다.

> '필자는 종이 한 장 차이를 결코 무시하지 않는다. 종이 한 장 차이가 어쩌면 우주의 차이보다 더 큰 차이라고 생각하기 때문이다.'

종이 한 장 한 장이 모여 책을 이룬다. 종이 한 장이 없으면 책이 될 수 없다. 그래서 종이 한 장을 무시하면 안 된다. 그 종이 한 장을 무시하지 않고 거기에 의미를 부여하면 책을 읽을 때 단 한 페이지, 단 한 줄에서도 의미를 찾게 된다. 그런 세심함으로 똘똘 뭉쳐 한 장, 1초와 같은 작은 단위에 관심을 가지면 일상에서 다양한 변화를 경험할 수 있다.

개권유익(開卷有益)이란 말이 있다. 책은 펼치기만 해도 유익하다는 말이다. 이 말은 한 페이지에 의미를 두지 않으면 쉽게 다가오기 힘든 말이다. 단 한 줄을 읽어도 거기서 의미를 찾으려는 사람들에게 개권유익은 대단한 동기부여가 된다. 한 페이지가 가지는 가치를 무시하지 않는 사람들에게 개권유익은 좋은 자극제가 된다.

책을 읽는 시간을 초 단위로 나누어 보자. 책을 1초라도 읽는 것이 의미 있다고 생각하는 사람은 초 단위 시간이 생기면 책을 든다. 마찬가지로 초 단위로 뭔가를 해내는 일에 가치를 부여하는 사람은 몇 초 만에 할 수 있는 일에 열심히 매진한다. 시간을 허투루 쓰지 않는다.

주말처럼 하루 종일 시간이란 자원을 자유롭게 쓸 수 있어도 의미 있게 쓰지 못하는 사람들이 많다. 이런 사람들에게 1초, 1분은 아무 의미 없는 시간이다. 그래서 하루라는 시간을 통째로 무의미하게 보낸다.

인생은 유한하고, 우리에게 주어진 시간은 한정된 자원이다. 한정된 자원은 높은 가치를 지니기 마련이다. 흘려버리면 절대로 다시 얻을 수 없는 자원인 시간. 그 귀한 자원을 우리는 너무나 무심하게 낭비하고 있다. 무한정 주어지는 자원이라고 착각하면서.

시간을 가치 있게 쓰고 싶다면, 초 단위, 분 단위로 할 수 있는 일들에 한번 매진해 보자. 생각보다 내가 가진 시간은 많으며, 짧은 시간에 할 수 있는 일이 의외로 많다는 것을 알게 된다. 뭘 할지 모르겠다면 시간을 핑계 대며 하지 않았던 일들을 가져와 보자.

틈나는 대로 책을 읽고, 틈나는 대로 글을 쓰고, 틈나는 대로 운동을 해 본다. 집안 정리를 하고, 청소를 하거나 설거지를 하는 것도 좋은 방법이다. 작은 실천이 사랑하는 사람을 행복하게 한다. 가족과 대화를 나누고, 아이들과 놀아주는 것도 무척 의미 있는 일이다.

찾아보면 더 할 수 있는 일이 너무나 많다. 할 수 있지만 하지 않았던 일이 사방에 널려 있다. 그것들을 찾아서 하다 보면 시간의 의미에 대해, 시간관리라는 것에 대해 더 깊이 통찰하게 된다.

방법은 그냥, 마음먹은 것, 의미 있는 것, 가치 있다고 여겼던 일을 하는 것이다. 특별한 노하우가 필요한 것도 아니다. 단지 마음먹은 대로 해내기만 하면 된다. 얼마나 쉬운 일인가. 이것을 못해서 사람들은 시간이라는 소중한 자원을 헛되이 보낸다.

조금만 부지런을 떨자고 마음먹기만 해도 바꿀 수 있는 것들이 많다. 모든 것은 마음먹기에 달려 있다. 결심한 것을 지금 해내자고 의식하기 전에 몸을 먼저 움직이자. 이것이 바로 1초 실행법이다.

같은 날은 없다

다람쥐 쳇바퀴 돌리듯, 틀에 박힌 생활을 반복한다. 늘 같은 길을 걷고, 같은 장소에 가고, 같은 사람을 만나며, 같은 일을 반복한다. 나같이 평범한 직장인의 일상이다. 이것을 깨닫고도 그 틀을 벗어나지 못한다. 어제 걸었던 길을 오늘도 걷고, 같은 장소로 또 다시 가서, 같은 일을 반복해서 하고 또 다른 하루를 끝낸다.

그런데 가끔 오늘을 다르게 보이게 하는 것이 있다. 하늘을 쳐다봤을 때다. 똑같은 하늘을 보는 날은 없다. 하늘은 매일 다른 모습이다. 다른 무늬를 가진다. 그래서 하늘을 먼저 보고 나면 오늘이 새로운 날이란 걸 알게 된다.

사실 똑같이 반복되는 날은 없다. 어제와 같은 오늘, 오늘과 같은 내일이란 실제로 없다. 단지 우리가 그렇게 느낄 뿐이다. 우리의 생각이 어제와 오늘이 같았으니 내일도 같을 거라고 착각하는 것이다. 내가 걷는 길은 어제와 달라져 있다. 내가 아침마다 도착한 장소도 사실 어제와 달라진 게 있다. 그리고 오늘 하는 일은 어제와 분명 다르다. 그것을 피상적으로 살펴서 그렇지 자세히 들여다보면 아주 판박이처럼 똑같은 날이 반복되지는 않는다. 시간이 흐르면서 나도 변하고 세상도 조금씩 변해가고 있기 때문이다.

그렇다면 매일 일상을 다르게 만드는 방법은 없을까? 이런 고민은 쉽게 해결된다. 생각만 바꾸면 되기 때문이다. 세상에 같은 날은 없다고 생각하며 생각도 거기에 보조를 맞추면 된다.

생각은 습관이다. 한번 길들여진 생각은 꾸준히 유지된다. 그 생각을 바꾸는 방법은 생각 빼고는 모든 것이 바뀐다는 것을 인정하는 것이다. 내가 보는 공간과 일상이 어제와 다르다는 사실을 깨닫는 것이다. 똑같은 날은 없으며, 미세한 변화일지라도 세상은 조금씩 변하고 있다는 것을 인정하는 것이다. 단지 생각만이 관성을 가지고 변하지 않는다는 사실을 알게 되면 생각의 변화도 시작된다.

같은 일을 반복하고 있지만, 오늘의 경험이 나를 다른 사람으로 만든다. 같은 일을 반복해도 내 속에 축적되는 것이 있고, 그로 인한 변화는 계속된다. 이것을 상기하며 살게 되면 늘 변화의 여정과 함께 할 수 있다.

나는 언제나 변화하고 있다는 사실. 스스로 그것을 깨닫게 되면, 더 많은 변화에 대한 욕구가 생긴다. 한번 생긴 욕구와 열망은 더 많은 변화를 불러온다. 그것을 계기로 행동도 바뀐다.

나처럼 매일 하늘을 바라보면 알게 된다. 똑같은 하늘은 없다. 어제 봤던 하늘이 오늘은 다른 모습이다. 그것을 보고, 매일 나는 다른 세상을 산다고 느낀다. 오늘은 내가 처음 맞는 세상이라고 떠올릴 수 있다.

이런 생각이 나를 새롭게 바라보고, 내 일상을 새롭게 한다. 변화의 단초가 되고 나를 성장하게 한다. 어떻게 해야 나를 바꿀 수 있는지 고민하게 한다. 그런 고민이 실행력을 높인다. 걷고 있을 때도 달리게 만든다.

"당신이 지금 달린다면 패배할 가능성이 있다. 하지만 당신이 달리지 않는다면 당신은 이미 진 것이다."

버락 오바마가 한 말이다. 이런 말이 자극하는 것은 생각이다. 생각을 바꾸게 한다. 자극받은 생각이 행동을 유발한다는 사실을 잊지 말자.

생각이 바뀌지 않으면, 나는 매일 똑같은 생각을 하며 살 것이다. 생각만 변하지 않을 뿐 모든 것은 변하는 데도 말이다.

자신이 해야 할 일을 결정하는 사람은
세상에서 단 한 사람, 오직 나 자신뿐이다.

미국의 영화감독 오슨 웰스

Part 3

일상에서 꺼낸 생각들

내가 늘 머무는 자리, 내가 항상 걷던 길을 좀 더 민감해진 눈으로 바라보면, 평소 발견하지 못했던 것들이 보이기 시작한다. 내 관심을 받지 못했던 물건들은 내 곁에 있어도 아무렇게나 방치된 채 있다. 내 자리, 내 방, 내 집, 사무실에 이런 시선을 보내면 발견하게 되는 것들이 있다.

나를 찾아가는 시간, 글쓰기

매일 아침 일찍 사무실에 출근하면 텅 빈 사무실에 덩그러니 혼자 앉아 있다. 그 시간에 내가 유일하게 하는 한가지. 수년간 빠지지 않고 해왔던 일. 그 때문에 책을 냈고, 작가가 될 수 있었던 습관. 그리고 일상을 생각하며 보내게 해준 좋은 습관, 바로 글쓰기다.

글쓰기로 여는 하루가 내게는 제대로 시작하는 하루인 셈이다. 글을 쓸 때 주제는 제한이 없다. 일상생활 속에서 있었던 일을 쓰거나 감사일기, 책 쓰기 중 한가지로 시작한다. 어떤 글로 시작해도 상관없다. 대신 원고를 쓰고 있을 때는 오로지 책 쓰기에만 집중한다. 그렇지 않을 때는 자판에 손을 올려두고 떠오르는 생각들을 그냥 백지에 써 나간다.

글을 쓸 때 중요한 게 한가지 있다. 잘 쓰려고 하면 안 된다는 것. 잘 쓰려고 하는 순간 생각이 막히고 글이 막힌다. 글을 쓸 때는 쓰면서 생각하고, 떠오른 생각을 빠르게 글로 옮기는 것을 목표로 해야 한다. 단어 하나 문장 하나 선별하며 글을 쓰는 것은 생각을 방해하는 나쁜 습관이다.

누군가에게 보여줄 글이 아니라면 더더욱 '마음대로 글쓰기'를 해야 한다. 글쓰기는 내 생각을 정리하는 작업이면서 생각하는 연습을 하는 것이다. 즉 글을 쓰면서 생각하고, 또 생각하며 생각이 이어질 수 있도록 단련하는 것이다.

그런데 표현에 신경 쓰고 문장 연결에 신경을 쓰다 보면 당연히 생각이 막힌다. 주제가 분명하고, 타인과 공유해야 하는 글이라도 일단 처음부터 끝까지 무작정 써놓고, 나중에 다듬는 방식으로 글을 정리해야 한다.

어떤 글이 됐든 반복해서 읽다 보면 고칠 부분이 반드시 생긴다. 그럴 때 표현도 바꾸고 내용도 손보면 된다. 처음부터 대작을 쓸 것처럼 하면 글쓰기가 제대로 되지 않는다는 것을 말하려고 하는 것이다.

지금 머릿속에 떠오른 것들을 글로 옮기는 연습이 글쓰기의 시작이다. 매일 글을 쓰면, 글쓰기가 좋은 이유를 스스로 깨닫게 된다. 그리고 더 잘 쓸 수 있는 방법도 터득하게 된다. 글을 많이 쓰면 더 많이 쓸 수 있게 되고, 더 잘 쓸 수 있게 되는 이유가 이것이다.

그래서 잘 쓰고 싶다면, 일단 많이 쓰는 것이 최선이다. 글쓰기에 대한 책은 일단 글쓰기 습관이 잡혔을 때 읽어야 가장 도움이 된다. 글을 쓰는 동안에 책에서 배운 것들이 유용해지기 때문이다. 머리로만 알고 있는 글쓰기 방법은 글을 쓰지 않는다면 아무 소용이 없다.

글을 쓰며 하루를 여는 것은 매일 생각하며 살 수 있는 좋은 방법이다. 그래서 매일 글쓰기를 멈출 수 없다. 하루라도 쓰지 않으

면 생각 없이 사는 것처럼 답답해지니 말이다.

  생각은 오직 나만을 위한 것이므로 생각을 정리하는 시간에는 일체의 잡념을 지우고 깊은 우물 속을 들여다보는 것처럼 고요함 속에 나를 머물게 해야 한다. 그 속에 있는 나는 과한 업무에 찌든 샐러리맨도 아니고, 한 달 안에 대출금을 갚아야 하는 채무자도 아니다. 그 어느 것에도 매이지 않은 자유롭고 편안한 자연인의 모습이다.

  바람처럼, 햇살처럼, 물처럼, 나무처럼, 꽃처럼, 나비처럼, 내가 원하는 자연 그대로의 나를 깊이 들여다보면 일상의 번잡함은 저절로 사라진다.

침묵은 금이 아니다

 어느 날, 퇴근 후 집에 들어서니 집안 분위기가 냉랭했다. 평소와 달리 아내의 얼굴이 굳어 있어 무슨 일이 벌어졌다는 것을 짐작할 수 있었다. 알고 보니 아내와 큰아들 사이에 싸움 아닌 싸움이 있었던 모양이다.

 다툰 건지 엄마의 일방적인 잔소리였는지 모르지만 퇴근하고 집에 들어서니 서로 말을 하지 않는다. 그런 냉랭한 분위기는 가족 사이에 묘한 긴장감을 갖게 한다. 내가 가장 싫어하는 상황이다. 편하지 않은 상황. 엄마나 아이 둘 다 마음이 편할 리 없다. 엄마보다는 아이의 마음이 더 불편할 거라는 생각이 든다. 자기 의지로 바꿀 수 있는 상황이 아니기 때문이다.

 아무 생각 없는 듯이 의자에 멍하니 앉아 있던 아이에게 다가가 평소보다 더 다정하게 말을 건넸다.

 "얼른 씻고 잘까?"

 아이가 "네" 하고 얼른 일어선다.

 늦은 퇴근 시간이었다. 작은 아이는 이미 잠들었고, 이제 중학교 1학년인 큰아들은 엄마에게 혼이 난 후로 엄마와 냉전 상태를 이어가고 있다. 엄마가 용서 못하겠다는 입장이니 아들이 무조건 잘못했다고 해야 끝날 상황이다. 그런데 녀석이 그러지 않는 걸 보면 저도 억울한 게 있는 것이다.

아빠인 나는 아이들을 심하게 혼내지 않는 편이다. 욱해서 아이를 혼내고 나서 후회한 경험이 많아서다. 그리고 부모가 화를 내며 아이를 혼내면 아이에게 좋을 게 하나도 없다. 아이도 감정적으로 그것을 받아들이게 되고, 그 순간엔 부모의 말이 아무리 옳아도 모두 귀에 들어오지 않는다. 대화가 불가능한 상황인 것이다.

그래도 아이가 따끔하게 혼낼 일은 했을 때는 혼을 낸다. 눈물을 쏙 빼도록 야단칠 때도 있다. 그럴 때는 꼭 아이를 안아주고, 아빠가 너를 위해 이러는 거라는 걸 이해시키려고 노력한다. 그런 상황을 잘 마무리하면 아이와 서먹해지지 않는다. 아이가 바로 웃음을 찾고, 평상시처럼 행동한다. 그런데 서로 앙금이 남은 상태로 있으면 부모와 아이 모두 불편하다.

그날이 그런 상황이었다. 당연히 아이가 더 안절부절못할 것이다. 엄마가 혼을 내고도 여전히 화를 풀지 않은 상태였기 때문이다.

다음 날 출근해서 문자로 확인하니 여전히 둘은 화해하지 않았다. 그래서 아내와 통화를 하며 부탁을 했다. 오래 불편하게 있지 말라고, 애가 더 힘들 거라고.

잠시 후에 아들에게서 전화가 왔다. "엄마와 화해했어요."

아빠가 걱정한다고 아들에게 전화를 하게 한 모양이었다. 그날 퇴근 후 집에 들어서니 전날과 다른 분위기다. 아이들이 엄마에게 농담도 하고 장난도 치고, 그러다 가끔 엄마가 큰소리를 내기도 하고. 평상시의 우리 집 모습으로 돌아와 있다.

  서로 불편한 채로 오래 있으면 좋을 게 없다. 그렇게 되지 않도록 노력해야겠지만 사람 사는 게 말처럼 쉽지 않다. 대신 불편한 상황은 빨리 바꿀 수 있어야 한다. 방법은 간단하다. 어느 한쪽이 한발만 물러서면 된다. 부모 자식 간이라면 부모가 그래야 할 것이다. 순간 욱한 감정은 그걸 못하게 막는다. 사랑하는 사이에선 그러면 안 되는데 말이다.

  부모 자식 간이라면 더욱 불편한 상황을 오래 가져가면 안 된다. 부모는 아이가 스스로 잘못을 깨닫도록 생각할 시간을 주는 것이라고 생각하겠지만, 아이들은 부모의 침묵을 긍정적으로 받아들일 만큼 성숙하지 않다. 따라서 싸움의 끝을 오랜 침묵으로 일관해서는 안 된다. 성장기에 있는 아이가 훨씬 더 불편할 것이기 때문이다.

한번 더 생각하고 말하기

사무실에서 근무 중일 때 핸드폰이 울렸다. 아내의 이름이 떴다. 내가 회사에 있을 때는 급한 용무가 아니면 전화를 하지 않는 아내다. 간단히 끝낼 거란 생각에 하던 일을 멈추고 전화를 받았다. 그렇게 시작된 이야기가 한참 동안 이어졌다. 집에서 속상한 일이 있었던 것이다.

업무를 하던 중이라 나중에 이야기하자고 할 수도 있었지만 그냥 듣기로 했다. 나는 그냥 최소한의 말만 했다. 너무 열 내지 말라고. 건강에 좋지 않다고. 아내가 말하는 것을 방해하지 않으려고 했다. 그렇게 혼자서 말하던 아내가 다행히도 얘기를 하고 나니 기분이 좀 풀린다며 안정된 목소리 톤으로 전화를 끊었다.

그럴 때가 있다. 한번만 더 생각해 보면 생각이 바뀌는 경험. 생각 없이 무의식적으로 말을 툭 던졌다가 다툼이 생기는 경우가 있다. 상황에 따라 절대로 해서는 안 되는 말이나 태도가 있다. 그걸 별다른 생각 없이 했다가 문제가 되는 것이다.

아내의 전화를 받고 지금은 근무 중이라 방해 되니 나중에 얘기하자고 했다면 아내의 반응이 어땠을지 상상이 간다. 평소 안 그러던 사람이 내가 근무 중일 때 전화를 했기 때문이다. 아내도 내가 일하고 있는 줄 알면서도 전화를 한 것이다. 뭔지 모를 이유로 폭발 일보 직전이었던 것이다. 그런 상황에서 내가 급히 전화를 끊었다면 저녁밥을 얻어먹기 힘들었을지도 모른다.

그 순간은 다른 생각 하지 말고 무조건 들어줘야 한다는 생각을 할 수 있어 다행이었다. 속상한 마음을 하소연하고 싶어 내게 전화했던 것이다. 그냥 들어주기만 하면 되는 거였다. 그리고 결과는 내 예상대로였다.

한번만 더 생각하면 지혜롭게 대처할 수 있는 상황들이 자주 일어난다. 평소 무심하게 지나치던 것들에 더 민감해져야 하는 이유다. 늘 깨어 있기 위해 노력하고, 생각하며 살기 위해 노력해야 한다. 마음에 여유가 있어야 가능해지는 일이다.

상대에 대한 배려는 '한번 더 생각하기'로 시작된다. 우리는 본능에 따라 무심히 행동하고 말하는데 익숙하다. 그래서 생각지도 못한 실수를 하고 곧 후회하곤 한다. 심각한 것은 그러고도 고치지 못한다는 것이다. 생각하고 실행하기에 익숙하지 않아서 그렇다.

우리는 무척 아는 것이 많다. 내가 생각하는 것보다 나는 더 지혜롭다. 하지만 그것을 사용할 줄 모른다. 아는 대로 실천하지 않는 결정적인 이유는, 알고는 있지만 평소에 아는 것들을 제대로 떠올리지 못하기 때문이다. 말은 청산유수지만 행동이 따르지 않는다. 그러니 생각대로 살기 힘들고, 아는 대로 행동하기 힘들다.

평소와 같지 않은 상황을 만났을 때, '한번 더 생각하기'를 떠올리면 도움이 된다. 자신이 보인 태도에 따라 상황은 여러 가지로 바뀔 수 있다. 그 한번의 생각하기가 모든 것을 바꾸어 놓는다.

많은 동기부여 전문가들이 행동하기를 강조한다. 하지만 행동 이전에 생각은 필수다. 생각 없이 행동이 나오지 않는다. 기억하고 있는 것을 행동으로 옮기는 방법은 한번 더 생각하기다.

"Think Once More!"

흔들리지 않고
사는 방법

우리는 매순간 흔들리는 존재다. 어디로 가야 할지 무엇을 해야 할지 몰라 항상 일상의 물결에 따라 흔들리고 움직인다. 내가 있어야 할 곳이 어디인지, 가야 할 방향이 어디인지 모르기 때문에 환경에 휘둘리면서 살게 된다.

매번 똑같은 일상을 반복하며 산다는 느낌이 들 때가 바로 그런 순간이다. 힘든 역경을 만나면 마냥 힘들어하고, 기분 좋은 일이 생기면 기뻐했다가도 일상의 우울함 속으로 빠져들기 일쑤다.

자신이 오르고 싶은 산을 정하고 나면, 그냥 묵묵히 오르기만 하면 된다. 정상으로 가는 길을 정확히 알고 있을 때는 아무리 힘든 길이라 하더라도 인내하게 된다. 이 순간만 견디면 내가 도달할 곳이 있기 때문이다. 도달할 곳이 명확하면 목표 하나만 보고 흔들리지 않게 된다. 아무리 큰 역경이 자신의 앞을 가로막고 있다고 해도 이를 악물고 최선을 다하기만 하면 이룰 수 있다는 것을 알기 때문이다.

꿈이 있는 사람은 일상을 꿈을 이루기 위한 활동들로 채운다.

그래서 일상이 즐거울 수밖에 없다. 어떤 일을 이루고 싶으면 역경을 이겨내야 한다는 것을 알기 때문에 쉽게 포기하거나 좌절하지 않는다.

매순간 떠올릴 수 있는 자기만의 원칙이나 철학이 필요한 이유가 바로 여기에 있다. 지금 이 순간을 의미 있는 활동들로 채우기 위해서는 내가 정한 방향이 명확해야 한다. 가야 할 곳이 명확하고 그것을 매 순간 떠올릴 수 있다면 아무리 힘든 역경이 내 앞을 막아선다고 해도 이겨낼 수 있는 힘이 생긴다.

나 자신을 이끌 수 있는 명확한 목표나 원칙을 정해 보자. 그리고 그것을 자주 떠올려 보자. 한번 정한 목표나 꿈이 일상에 배어 나오지 않으면 안 된다. 그래야 행동으로 옮길 수 있고, 실행하지 않더라도 자주 반성하며 자신을 다그칠 수 있다.

'일상의 원칙 정하기 – 자주 떠올리기 – 행동으로 옮기기'

나의 모든 일상을 이끄는 북극성 같은 원칙이 있어야 한다. 꿈이라고 해도 좋고, 철학이라고 해도 좋다. 머리만 들면 바로 보이는 북극성이어야 한다. 매일, 매 시간 자주 떠올릴 수 있는 그런 원칙이 있을 때 우리는 흔들리지 않고 원하는 것을 성취하기 위해 한발 한발 옮길 수 있다. 그 과정에서 자주 흔들리고 포기하고 싶은 고된 순간을 맞겠지만, 버릴 수 없는 그 원칙 때문에 다시 용기와 힘을 얻어 새로운 걸음을 걷게 될 것이다.

김수영이 쓴 《마음 스파》에 이런 말이 나온다.

'도전의 결과는 둘 중 하나입니다. 성공하거나 성장하는 것'

뚜렷한 목표를 향한 여정은 곧 도전의 시간이다. 그 시간 동안 내가 경험하는 모든 것은 오직 성장하는 과정이지 헛된 시간이 아니다. 오직 내가 향하는 방향이 명확할 때 그렇다.

지금 당장 떠올리기만 해도 내게 힘과 용기를 주는 꿈이나 목표를 정하자. 자주 흔들리고 일상이 힘겹기만 하다면 무슨 수를 써서라도 이루고 싶은 것을 정해 일상을 그것을 이루기 위한 과정으로 만들면 된다. 이런 노력은 사는 게 힘들 때 더욱 삶의 의미를 찾는 원동력이 된다.

매일 실행하면
만나는 기적

숭례문 앞 버스 정류장에 내려서 회사로 향하는 출근 길. 횡단보도를 건너기만 하면 내가 매일 발견하는 광경이 하나 있다. 길가 벤치에 두 팔을 걸치고 팔굽혀펴기를 하는 노인이다. 참 특이한 모습이라 눈에 띄었다. 팔굽혀펴기를 팔로 하는 게 아니라 어깨만 들썩들썩하는 것이다. 아마 팔에 힘이 없어 팔을 굽히지는 못하고 몸만 까딱까딱하고 있는 것 같았다.

보는 관점에 따라 장난하는 것 같지만 자주 보는 나는 그게 결코 장난이 아니란 걸 안다. 거의 매일 그 모습을 보기 때문이다. 운동하기로 작정을 한 것 같았고, 지금은 어깨만 들썩일 정도의 운동을 하고 있지만, 언젠가는 팔을 굽힐 정도로 근육의 힘이 강해질 거라 확신한다. 그렇게 믿는 이유는 매일 그것을 하고 있기 때문이다.

감성이 풍부한 작가 김은주의 《달팽이 안의 달》에 이런 글이

나온다. 제목은 '매일의 기적'이다.

달팽이의 걸음이
가장 빠른 걸음이 될 수 있는 방법.

호떡 파는 할머니가 10억을 모으는 방법.

코흘리개 소녀가 세계적인 발레리나로 무대 위에 서는 방법.

그 방법은 단 한가지.
매일의 기적이다.

　매일 꾸준히 해내는 게 있다면, 그 사람의 미래에 대해 이야기할 수 있다. 매일 운동하는 사람은 더 건강해진다. 매일 책을 읽는 사람은 더 지혜로워진다. 매일 한발 한발 내딛는 사람은 시간이

지날수록 먼 거리를 이동하게 된다. 어떤 일을 매일 하든 마찬가지나. 꾸준히 해서 성과를 낼 수 있는 일에 매진하면 시간이 곧 성과가 된다. 매년 연말이면 아무 것도 한 일이 없어 허탈감이 든다면, 매일 할 수 있는 일을 계획해 보자. 매일 하는 일이 곧 자신이 된다. 지금 이 순간 내 모습은, 지난 시간 동안 내가 매일 해온 것들의 결과물이기 때문이다.

나의 인생을 50년 전통의
칼국수집처럼 만들어라

남대문 시장, 50년 전통 칼국수 집 할머니
오늘도 진한 칼국수 육수 끓이고 계신다.
오늘도 같은 길로 출근하고 있는 나는
도대체 뭘 끓이고 있는 건지

남대문 시장을 지나다 문득 이런 생각을 했다.

 칼국수 명인은 매일 칼국수를 끓이면서 명인으로서의 자리를 굳혀간다. 하루가 지나면 어제보다 더 나은 육수가 끓여질 터. 매일 한가지를 수십 년 해온 사람은 아무도 흉내 낼 수 없는 비법을 지나온 세월만큼 쌓아온 것이다. 그와 똑같은 비법을 가지려면 그만큼의 시간 투자를 해야 한다.
 매일 벽돌을 쌓아 하나의 조형물을 만드는 것이 인생이라고 비유한다면, 오늘 하루는 무시할 수 없는 가치를 지닌다. 누군가는 육수를 끓이며, 누군가는 공부를 하며, 누군가는 몸을 단련하며,

자신이 가장 중요하게 여기는 일에 매일이란 시간을 투자하고 있는 것이다.

하루를 커다란 인생이란 그림의 퍼즐 한 조각에 비유하기도 한다. 내가 어떤 조각을 만드느냐가 내 인생의 큰 그림을 좌우하게 된다. 이처럼 하루라는 단위를 어떻게 쓰느냐를 두고 고민하는 사람만이 인생의 의미를 찾고, 하루를 활력으로 채울 수 있다.

매일 일정한 시간을 어떤 일에 투자하느냐가 하루를 좌우한다. 그 어느 누구도 하루를 통째로 자신이 원하는 일만 하며 살 수 없다. 직장인이라면 특히 그럴 것이다. 포기해 버린 시간이 하루라는 시간 속에 녹아 있기 마련이다. 내가 발굴하지 못한 시간, 내가 전혀 활용하려고 생각지도 못했던 시간들.

그 시간은 단 10분일 수도 있고, 한 시간일 수도 있고, 더 많은 시간이 될 수도 있다. 내가 시간을 만들겠다는 의지에 따라 결정된다.

매일 아침 글쓰기를 했던 나는 아침 시간을 내 시간으로 만들기 위해 7시 이전에 회사로 출근했다. 업무가 시작되기 전까지 나는 나 자신을 위해 쓸 수 있는 시간을 확보할 수 있었다.

누구나 일찍 일어나면 나 홀로 활동할 수 있는 시간을 만들 수 있다. 그것은 선택이다. 아침 시간을 활용하겠다는 의지만 있다면 누구나 가능하다. 나는 그렇게 하기로 선택했고, 직장에서 누구보다 일찍 출근해 글을 쓰고 책을 읽었다. 그리고 알게 됐다. 어떤 결과를 가져다줄지 모르고 매일 꾸준히 가졌던 나의 작은 시간들이 모여 커다란 결실을 내게 안겨 준다는 사실을 말이다.

미래의 어느 순간 내게 중요한 기회나 결실을 가져다 줄 일을 오늘 하루 중 1분이라도 실천해 보자. 독서 습관을 위해 책 한 페이지 읽는 시간을 가지는 것으로 시작해도 된다. 어차피 노력을 통해 얻게 되는 결실들은 시간이라는 과정을 거쳐야만 한다. 묵묵히 오늘 하루를 의미 있는 일로 채우는 것이 나를 변화시키고 성장시키는 길이다.

매일 아침 칼국수집에서 끓인 육수가 수십 년 노하우가 된 것처럼, 나 자신을 위해 뭔가를 끓여 보자. 언제가 될지 모르지만, 그것이 다른 인생을 사는 선물이 되어 줄 것이다.

웃어서 손해 볼 일은
절대로 없다

출근길에 스치는 이의 얼굴에서 웃음을 봤습니다.
모른 척 따라 웃었습니다.
내가 웃으면 누군가도 웃겠다는 생각을 했습니다.
웃음은 전염되는 게 맞네요.

얼굴이 굳어 있다는 걸 깨닫게 되는 때가 있다. 억지로라도 웃음을 지어 보면 안다. 얼굴 근육이 경직되어 있으면 자연스런 미소가 떠오르지 않는다. 자기 얼굴을 볼 수 없는 탓에 내가 어떤 표정을 하고 사는지 모른다. 그러니 웃으면 복이 온다고, 웃어야 성공한다고 해도 쉽사리 웃어지지 않는다. 이미 평소 습관대로 굳어 버린 얼굴이 단 한번의 결심으로 쉽게 바뀔 리가 없다.

거울 뉴런이란 게 있다. 우리 뇌는 다른 사람이 하는 행동만 보고도 그 행동과 관련 있는 뇌의 부위가 활성화된다고 한다. 다른 사람이 고통 받는 모습을 보면 자신도 같은 고통을 느끼는 것과 같은 반응이 거울 뉴런이다.

남들이 웃으면 나도 웃음 짓게 되는 원인도 여기서 찾을 수 있다. 남이 웃으면 저절로 나도 웃게 되는 이유 또한 거울 뉴런 때문이다.

웃음이 주는 효과에 대한 연구 결과들은 많다. 긍정적인 감정을 유발하고, 건강에도 영향을 미친다. 이렇게 좋은 웃음을 우리가 따라하지 않는 이유는 무엇일까? 웃자고 마음만 먹어도 될 일인데 말이다. 대부분의 사람들이 웃을 일이 없으니 웃지 않는다고 말한다.

행복한 사람의 얼굴에는 웃음이 떠날 일이 없다. 반대로 스스로 불행하다고 여긴다면 웃을 일이 없을 수밖에 없다. 행복과 불행은 자기 주관에 달려 있다고 전문가들은 말한다. 결국 내가 행복하자고 마음먹으면 행복해진다는 얘기다. 마찬가지로 웃을지 말지도 스스로의 선택에 달려 있다.

웃기만 해도 행복해진다고 한다. 하지만 깊은 시름에 빠져 있는 사람은 쉽게 공감하기 힘들다. 웃고 싶지도 않고, 웃으려 해도 안 웃어진다. 결국 웃음은 의지력을 동원해 꾸준히 운동하듯 해내야 하는 것이다. 웃음 전도사란 직업이 생긴 이유도 이런 것이다. 마치 헬스트레이너의 지시에 따라 억지로 운동을 하면 효과가 나타나는 것처럼 말이다.

웃음이 좋은 이유 중 하나는 내가 웃으면 다른 사람도 웃는다는 것이다. 최소한 기분은 좋게 만든다. 주위 분위기를 바꾸어주는 것이다. 웃음이 나를 위한 것이고, 다른 사람들에게도 긍정적인 효과를 지닌다면 하지 않을 이유가 없다.

대인관계가 좋은 사람들의 얼굴은 항상 밝다. 그리고 잘 웃는다. 그들이 주변사람들에게 좋은 인상을 주는 결정적인 이유 하나를 찾으라면 바로 웃음이다. 웃지 않고 사람들에게 좋은 인상을 줄 수는 없다. 인사를 할 때 웃지 않는다면 진정성이 떨어진다. 고맙다고 말하면서 웃지 않는다면 마음에 없는 말을 하는 것이다. 이처럼 웃음은 관계를 바꾸는 중요한 역할을 한다.

지금 살짝 미소를 지어보자. 얼굴 근육이 경직된 느낌이 든다면, 매일 일정한 시간에 웃는 연습을 해보자. 아침마다 거울을 보며 단 1초라도 웃어보는 것이다. 살짝 입꼬리만 올려도 된다. 그렇게 매일 한다면 얼굴 근육이 풀리고, 자신의 인생도 풀릴 것이다. 운명학자들이 한 목소리로 하는 말이 있다.

"웃어서 손해 볼 일은 절대로 없다."

일상에 좀 더 민감해지면
삶이 풍요로워진다

"매일 아침 똑같은 길을 통과하지만 버스 창밖으로 시선을 돌릴 때마다 다른 풍경, 다른 사람들을 봅니다. 알고 있던 길이 사실은 낯선 것들로 가득했음을 깨닫는 순간, 아는 것보다 모르는 게 더 많음을 배웁니다."

출근하는 버스 안에서 문득 떠올린 생각이다.

우리 일상은 우리가 알고 있는 것보다 더 많은 것을 그 속에 숨겨 놓고 있다. 아니 숨겨 놓았다기보다 다 드러내 놓고 있지만 우리가 보지 못할 뿐이다. 보이는 것보다 보이지 않는 것들이 훨씬 더 많다.

내가 늘 머무는 자리, 내가 항상 걷던 길을 좀 더 민감해진 눈으로 바라보면, 평소 발견하지 못했던 것들이 보이기 시작한다. 내 관심을 받지 못했던 물건들은 내 곁에 있어도 아무렇게나 방치된 채 있다. 내 자리, 내 방, 내 집, 사무실에 이런 시선을 보내면 발견하게 되는 것들이 있다.

내가 매일 걷는 길에도, 내가 익숙하다고 생각했던 그 길에도 내가 조금만 다른 눈으로 보면 새롭게 보이는 것들이 있다.

우리는 사람의 미묘한 표정 변화, 눈빛의 변화에 무척 둔감하다. 상대를 조금만 더 세심하게 관찰하면 감지할 수 있는 변화들이 있다. 그런 신호를 놓치면 상대를 배려하지 못한 말이나 행동을 하게 된다.

눈에 보이는 것만 해도 이럴진대, 실제 보이지 않는 것들은 어떨까? 우리 눈으로는 만질 수 없는 무형의 것들 말이다. 내 앞에 있는 사람의 마음, 그 사람의 감정, 그 사람의 생각.

좀 더 세심하게 배려하고, 민감하게 관찰하면 내가 평소 보지 못한 것들이 눈에 들어온다. 세상은 우리가 알고 있던 것보다, 생각했던 것보다 훨씬 더 다양한 것들로 채워져 있다. 내 눈에는 빈곤해 보이지만 실제 내가 몰랐던 가치들로 풍요로운 곳이 바로 이 세상이다.

조금만 다른 각도로 살펴보면 우리가 보는 세상은 바뀐다. 세상을 다르게 보는 사람들의 마음이 훨씬 더 풍요로운 이유가 바로 이것이다.

간밤에 내린 눈을 밟으며 출근하는 길.
내가 잠든 사이
세상에 많은 일이 일어난다.
내가 아는 건
눈앞에 보이는 것뿐.

간밤에 내린 눈을 밟으며 아침 출근길에 썼던 글이다. 세상이 보여주는 한 단면만 보고도 내가 알지 못하는 모습들이 많다는 걸 깨닫는 아침이 많다.

우리는 단지 눈에 보이는 것만으로 세상을 재단해 버린다. 온갖 편견과 고정관념으로 똘똘 뭉쳐 있다. 자기 생각에만 집착하면 절대로 타협이란 없다.

하지만 절대로 세상의 모든 면을 다 볼 수 없다는 걸 인정하는 순간, 내가 알고 있다는 자만심은 모두 내려놓게 된다. 신기하게도 그 순간 마음의 문이 열린다. 모든 것을 수용하고 인정하게 된다. 세상을 보는 눈이 달라지는 경험을 한다.

여유를 가지고 일상에 민감해지면 삶이 풍요로워지고 마음이 심해처럼 깊어진다.

나는 누구인가!

김정운의 《나는 아내와의 결혼을 후회한다》에는 다음과 같은 대목이 나온다.

> "나는 절대로 스스로 확인되지 않는다. 나는 항상 나와는 다른, 또 다른 어떤 것에 의해 확인되는 존재다. 그러나 나를 확인해야 하는 그 대상이 쉽게 사라지는 것이라면 존재불안은 끊임없이 계속된다. 그래서 사회적 지위로 자신의 존재를 확인하는 것처럼 어리석은 일은 없는 것이다."

아이들이 다니는 학교 아빠들의 모임에 나간 적이 있다. 7명 정도가 모였는데, 모두 자영업을 하는 분들이었다. 회사 업무로 사람들을 만날 때, 나는 어떤 직책이고 무슨 일을 하는지로 나를 소개하면 된다. 그런데 거기서는 내가 다니는 회사가 어떤 회사인지를 소개하는 정도로밖에 이야기할 수 없었다. 그 후 대화는 각자 생업을 하면서 겪은 경험 위주로 흘러갔다. 사업을 하며 겪은

일들에 대한 이야기로 대화는 끝이 없이 꼬리에 꼬리를 물었다. 그동안 나는 꿀 먹은 벙어리처럼 고개만 끄덕이며 대화에 동참하지 못하고 겉돌았다.

직장인은 직장의 직책이나 직위로 불린다. 부장, 차장, 팀장. 그렇게 존재를 확인받는 직장인은 직장이 아닌 다른 곳에서 존재를 확인하기 힘들어진다. 직위나 직책이 무의미한 곳에서는 어떻게 불리는 게 자연스러울까?

자녀가 있는 부모들의 모임에 나가면 아이의 이름을 붙여 누구 아빠, 누구 엄마로 불린다. 거기서 어느 회사 차장이고 부장이고 하는 것은 아무런 의미가 없다. 알아주지도 않는다. 그래서 그렇게 소개하지도 않는다.

직장 밖에서 나는 어떤 것에 의해 확인되는 존재인가? 이 질문은 곧 나는 누구인가? 나는 어디에 있는가에 대한 물음이기도 하다. 나는 나 자신으로 존재를 인정받을 수도 있겠지만, 그렇지 못하면 내가 속한 조직에 의해 존재를 인정받는다. 대부분의 직장인이 후자에 속한다.

'나는 누구인가? 여기는 어딘가?'

가끔 방송에서 만나는 익숙한 자막이 바로 내게 해야 하는 질문이라고 생각해본 적이 있는가? 누군가에 의지하거나 어떤 조직에 의지해 내 존재를 확인받고 있다면, 그 존재가 사라지는 순간 나는 존재 불안을 겪게 된다.

직장인들이 많이 보는 자기계발서에 자주 등장하는 말 중 하나가 직장이 아닌 직업을 가지라는 말이다. 직장이 불안하니 자기가 전문적으로 할 수 있는 업을 찾으라는 것이다. 언제 떠날 지도 모를 직장에 의지해 살면 불안하니 자기 자신에게 의지하라는 것이다.

자신이 하는 업을 통해 존재의 의미를 찾더라도 존재 불안은 여전할 수밖에 없다. 그래서 김정운 교수는 '절대로'라는 말로 자기 자신의 존재 가치를 스스로 확인할 수 없다고 말한 것이다.

의지해야 하는 대상이 나 자신이 될 때, 존재 불안이 없어지지는 않겠지만 줄여줄 수는 있다. 그래서 오늘도 나는 내 존재를 확인시켜 줄 수 있는 일을 업으로 삼기 위해 고군분투 중이다.

내 인생에서 의미 없는
날은 없다

인생에서 가장 의미 없이 보낸 날은 웃지 않고 보낸 날이라는 말이 있다. 살면서 웃음이 갖는 힘이 그만큼 중요하다는 의미를 담은 말이다. 개인적으로 각자 삶의 원칙에 따라 다른 말들도 만들 수 있다. 예를 들자면 이런 식이다.

'인생에서 가장 의미 없이 보낸 날은 사랑하지 않고 보낸 날이다.'
'인생에서 가장 의미 없이 보낸 날은 감사하지 않고 보낸 날이다.'
'인생에서 가장 의미 없이 보낸 날은 읽지 않고 보낸 날이다.'

하루를 의미로 채울 수 있으려면 적어도 한가지는 꼭 하겠다는 확고한 의지가 있어야 한다. 그 방법이 나는 이 문장을 만들어 매일 매 순간 떠올리는 것이라고 생각한다.

'인생에서 가장 의미 없이 보낸 날은 _____ 않고 보낸 날이다.'

단 한가지라도 매일 실천하면 한 달 후, 또는 일 년 후 변화한 자신을 발견할 수 있다.

우리는 의지를 가지고 매일 실천하는 무언가를 통해 나의 정체성을 만들어간다. 그래서 이렇게 묻고 싶다. 당신이 매일 실천하고 있는 것을 말해 달라. 그러면 당신이 어떤 사람인지, 어떤 사람이 될 것인지 말해 줄 수 있다.

어떤 사람이 될 것이란 답은 이미 나와 있다. 자기 의지로 하루를 살아내는 사람은 생각하며 사는 사람, 자기 삶을 만들어가는 사람이다. 그는 바로 자신이 원하는 삶을 사는 사람이기 때문이다.

오늘 하루를 내 인생의 큰 그림을 장식하는 퍼즐 조각 중 하나라고 생각해 보자. 하루 24시간이라는 시간을 어떻게 그리느냐에 따라 내 인생의 그림이 달라진다고 생각하면, 오늘 하루의 가치가 달라진다.

이미 인생에 대한 큰 그림을 그리고 있는 사람은 하루라는 시간에 대단히 큰 의미를 부여한다. 그 가치를 알기 때문에 잠시 잠깐의 시간도 허투루 보내지 않는다. 독서광이 하루라도 책을 읽지 않으면 입 안에 가시가 돋는 것처럼, 하루라도 내가 원하는 일을 하지 않으면 답답해서 살 수가 없다.

하루를 의미 없이 보내면, 한달, 일 년을 의미 없이 보낼 수도 있다. 가장 아찔한 것은 평생을 의미 없이 보내는 것이다. 죽음 앞에 선 사람들이 후회하는 것들 중 하나가 바로 그것이다. 내가 하지 않은 것들에 대한 후회.

    죽기 직전에 하게 되는 후회가 가장 안타까운 것이다. 늦었다고 생각할 때가 가장 빠른 때라고 하지만 그 순간만은 예외다. 더 이상 남은 기회가 없기 때문이다.

    영국의 미술학 교수 존 러스킨은 다음과 같이 말했다

> "인생은 흘러가는 것이 아니라 채워지는 것이다. 우리는 하루하루를 보내는 것이 아니라, 내가 가진 무엇으로 채워가는 것이다."

    오늘 하루 꼭 해야 하는 일 단 한가지를 정해 두고, 매일 실천해 보자. 그리고 그것을 하지 않으면 인생에서 가장 의미 없이 보낸 날이라고 여겨 보자. 이런 실천이 하루를 바꿀 뿐 아니라 인생 전체를 바꾼다.

무언가를 떠올리는 습관

다이어리를 가끔 들춰보면 발견하는 게 있다. 실행에 옮겨보자고 적어둔 목표들. 간절한 마음으로 작성한 실행 목표도 있다. 생각이나 결심을 글로 옮겨 놓는 것은 이것을 자주 떠올리고 떠오를 때마다 실행에 옮겨보자는 의지의 표현이다.

그런데 문제가 한가지 있다. 마음먹은 것을 실행으로 옮기지 못하는 이유가 되는 단 한가지. 적어둔 것을 자주 확인하지 않는 것이다. 따라서 자주 떠올리지도 못한다. 다이어리를 자주 열어보지 않으면 과거의 결심은 망각의 늪으로 쑥 빠져들어 그 실체가 눈에 보이지 않는다. 그것들이 다이어리 속에 꼭꼭 숨어 있다. 그러다 무심코 열어본 다이어리에서 내 과거 생각들을 만난다.

우리가 결심한 것을 실행에 옮기지 않는 이유 중 하나는 내가 결심한 것을 일상으로 가져오지 못하기 때문이다. 뭘 하는지도 모르고 바쁜 시간을 보내고 있기 때문이다. 다양한 활동으로 우리의 정신이 너무나 바빠졌기 때문이다.

우리의 주의와 관심을 뺏는 것들이 너무나 많아져서 나에 대해 생각할 시간을 점차 잃어가고 있다.

나를 돌아볼 겨를이 없으면 내가 꿈꾸는 것, 내가 결심한 것들을 떠올릴 기회도 그만큼 줄어든다. 그러니 실행도 없고, 반성도 없다. 변화가 없는 일상을 사는 이유가 바로 이런 것 때문이다.

물론 간절하게 꿈꾸는 것은 늘 머릿속에 남아 있기 마련이다. 그런 꿈들을 제외하고 자주 떠올려야 하는 나의 일상 목표는 내 눈에 가장 잘 띄는 곳에 있어야 한다. 그 이유는 우리 대부분은 그것을 떠올릴 기회가 없어 실행을 하지 못하고 있기 때문이다.

스티브 디거의 '생각은 행동으로 이어지는 첫걸음이다'라는 명언처럼 아무 것도 떠올리지 못하면 그 무엇도 하지 못한다. 그래서 규칙적으로 지금 이 순간 내게 중요한 일이 무엇인가? 하고 묻는 시간을 가져야만 한다. 그것은 단 1초, 단 한번이면 충분하다. 평소 잊고 있는 무엇인가를 떠올리는 1초의 시간은 마음만 먹으

면 얼마든지 낼 수 있다.

그 어떤 경우라도 감사하고 웃으며 살겠다는 결심을 했다면, 글을 쓸 때나 명상을 할 때만 그런 마음이어서는 안 된다. 행복한 일이 생겼을 때만 감사하고 웃는 것은 누구나 할 수 있는 일이다. 감사와 웃음에 대한 결심은 분주한 일상을 보내고 있을 때도 떠올려야 하고, 마음이 힘들 때도 떠올릴 수 있어야 한다. 힘든 상황을 바꾸어 줄 수 있는 명약이기 때문이다.

바쁠수록 돌아가라는 말이 갖는 지혜는 이런 것이다. 어려운 일이 닥치거나 마음이 힘들 때, 상황에 매몰되지 말고 한번 더 생각하는 여유를 가지라는 것이다. 그런 상황이 내게 주는 의미를 생각하고, 상황을 바꿀 수 있는 방법을 연구하면 의외로 쉽게 돌파구를 찾는 경우가 있다.

단 한번, 단 1초라도 나를 생각하고, 내가 해야 할 일을 생각하고, 내게 중요한 일을 떠올리는 시간을 가져 보자. 단 한번의 의미가 가지는 강력한 힘을 배우게 된다. 그렇게라도 실행하는 사람과 그렇지 않은 사람은 삶을 대하는 태도, 의식에서 엄청난 차이가 생기게 된다.

어떤 일이든 하는 것과 아예 하지 않는 것이 가지는 차이는 시간이 갈수록 커질 수밖에 없다.

지금부터라도 다이어리에만 나의 실행 목록을 묵혀 둘 게 아니라 그것을 자주 떠올리는 습관을 만들어 보자. 실행의 힘은 떠올리는 횟수가 많아지면 더 강력해진다.

딱 오늘 하루의
목표를 정해 보자

아침 일찍 출근하면 제일 먼저 만나는 직장 상사 분이 있다. 이 분이 일찍 출근하는 것 외에 남다른 점이 한가지 있다. 매일 아침 남산을 오른다는 것이다. 한 시간여를 걷고 내려와서 아침 업무를 준비한다. 일찍 출근하는 부지런함도 대단하지만, 매일 남산을 오른다는 건 더 대단한 일이다. 언젠가 사무실로 걸어가는 도중에 이 분을 만났다. 그때 이런 얘기를 하셨다.

"나는 이 시간이 참 행복해!"

한 겨울 매서운 바람도 이 분의 행복한 시간을 방해하지 못한다. 걸을 수 있다면 계절이나 날씨는 전혀 상관없다. 이런 습관 덕분에 체중이 줄고 허리도 날씬해졌다고 한다. 매일 건강하고 행복해지는 습관 하나를 가지고 있는 셈이다.

사람마다 살면서 꼭 지켜야 할 원칙이나 일생을 통해 이루고 싶은 목표 같은 게 있다. 평생의 목표, 10년의 목표, 1년의 목표, 한달의 목표, 그리고 오늘 하루의 목표. 더 작게는 한 시간의 목표, 10분의 목표, 1분의 목표까지.

  목표를 세우라고 하면 보통은 평생의 목표를 떠올린다. 평생 내가 이루어야 할 것이 무엇일까를 먼저 고려하게 된다. 이런 장기간의 목표가 있는 사람들은 그 목표를 이루기 위한 한달, 하루의 목표량도 자연스럽게 정하게 된다. 하지만 평생 이루고 싶은 꿈이나 목표가 없다면 오늘 하루에 대한 목표도 없을 가능성이 높다. 지향점이 없는데 지금 가야 할 방향이 있을 리가 없다. 하루를 의미 없는 활동들로 채울 가능성이 높다.

  1년 이상 장기간의 목표에만 집착할 게 아니라 딱 오늘 하루만 하면 되는 목표를 세워보는 건 어떨까? 오늘 하루만이라도 내가 지향해야 할 것이 있다면 나를 위한 활동들로 시간을 채워갈 수 있다. 단기간에 해내야 하는 목표인 만큼 이루기 쉬운 목표여야만 한다.

  오늘 하루 책 한 페이지 읽기, 하루 10분 걷기, 3번 이상 크게 웃기, 사람들에게 친절 베풀기, 인스턴트 음식 안 먹기, 단식 해보기, 스마트폰 보지 않기, 외국어 단어 10개 외우기, 화내지 않기, 낯선 이에게 미소 지어 보이기, 미뤘던 업무 독하게 처리해 버리기와 같은 것들. 아주 짧은 시간만 할 수 있는 활동이나 하루 종일 내 일상을 바꾸어 주는 활동을 계획해 보는 것이다.

  작게 자주 할 수 있는 활동들을 하다 보면, 그간 아무 것도 하지 않고 허비한 시간들이 정말 많다는 것을 알게 된다. 내가 계획한 것을 하는 것과 무심히 일상을 살아내는 것은 시간을 질적으로 다르게 쓰는 것이다. 일상이라는 도화지를 내가 그린 그림으로 채우느냐 백지로 남겨 두느냐의 차이다. 내가 만들지 않은 일상은 무의미한 일로 가득 차게 된다.

  오늘 하루를 어떻게 보내느냐에 따라 삶은 질적으로 달라진다. 그것은 그렇게 살아본 사람만이 깨닫는 것이다. 거창한 목표에만 집착하다 보면 오히려 일상은 공허해진다. 행동을 이끌지 못하기 때문이다. 일상을 촘촘히 채울 수 있는 작은 목표에 더 집중하다 보면 더 큰 목표에 한발 한발 다가갈 수 있다.

  하루를 보내고 잠들기 전, 내가 오늘 해낸 일이 얼마나 뿌듯함을 줄지 한번 경험해 보기 바란다. 단 한번 뿌듯함을 느끼고 나면, 내일도 해낼 수 있는 힘이 되어 준다. 어떤 일이든 꼭 해내고 싶어진다. 처음이 중요한 이유가 이것이다. 시작이 반이라고 했다. 한번 경험하면 오래 유지할 수 있는 힘이 생긴다. 오늘의 작은 목표가 더 큰 목표로 가는 징검다리가 될 수 있는 이유다.

나만의 만트라가 있는가?

리우 올림픽 펜싱 경기에서 극적으로 금메달을 따낸 박상영 선수. 그는 결승전에서 한 점만 잃으면 패하는 14대 10 스코어를 뒤집은 신화를 만든 주역이다. 그 극적인 역전승의 장면이 감동적이기도 했지만, 그의 이름 석 자가 한참동안 회자된 이유가 있다.

"할 수 있다, 할 수 있다."

이렇게 혼자 중얼거리는 모습이 방송 카메라에 잡힌 것이다.
방송을 지켜보던 모든 사람들이 금메달을 놓쳤다고 생각하는 동안, 그는 '할 수 있다'를 반복하며 자신에게 최면을 걸고 있었다. 그리고 아무도 예상하지 못한 역전승으로 그는 경기를 마무리해버렸다.
끝나기 전에는 절대로 끝난 것이 아니라는 사실, 포기하지 않으면 결과를 바꿀 수 있다는 교훈을 남긴 실화다.

그리고 주목받은 것이 바로 그가 '할 수 있다'라고 반복하며 자기 자신에게 힘을 불어넣는 장면이었다. 만일 그가 할 수 있다고 반복해 되새기며 포기하고 싶은 마음을 되돌려놓지 못했으면 어땠을까?

결정적인 순간에 포기하느냐 마느냐는 자신의 선택에 달려 있다. 우리는 무수히 많은 역경을 반복해서 겪으며 살아간다. 힘든 순간을 모두 피해 가며 살 수는 없다. 중요한 것은 그 순간을 어떤 태도로 극복하느냐다. 그리고 어떤 방법으로 이겨내느냐다.

무라카미 하루키는 《달리기를 말할 때 내가 하고 싶은 이야기》라는 책에서 이런 이야기를 했다. 인터내셔널 헤럴드 트리뷴지가 마라톤 러너에 관한 특집 기사에서 유명 마라토너들을 인터뷰한 내용이다.

> 여러 유명한 마라토너들을 인터뷰해서, 레이스 도중에 자신을 질타하고 격려하기 위해서 어떤 만트라를 머릿속으로 되풀이해서 외우는가, 라는 물음에 대한 그들의 대답이었다. 모두 정말 다양한 생각을 하면서 42.195킬로미터를 달리고 있구나, 하는 감탄이 절로 나왔다. 그만큼 풀 마라톤이라는 것은 가혹한 경기인 것이다. 만트라도 부르짖지 않으면 하지 못할 힘든 일이다. _(p.8)

마라토너들은 달리는 동안 힘든 순간을 극복하기 위해 다양한 만트라, 즉 주문을 외운다. 예를 들면 이런 것이다. '아픔은 피할 수 없지만, 고통은 선택하기에 달렸다.' 그렇게라도 해야 포기하고 싶은 마음, 주저앉고 싶은 마음을 이겨낼 수 있다는 얘기다.

살아가면서 힘든 순간, 아니 평소에도 나에게 힘을 주는 주문 하나쯤은 가지고 있는 것이 좋다. 항상 떠올리고 반복해서 외울 수 있는 그런 주문 말이다. '나는 할 수 있다'도 좋고, '나는 매일 좋아지고 있다'는 말도 좋다. 어느 책에서 '나는 있는 모습 그대로 나를 받아들인다'를 하루에 3~4백 번 말하라고 해서 이 말을 모니터 앞에 써놓기도 했다.

이와 같은 주문들은 마라토너들에게도, 박상영 선수에게도 큰 힘을 발휘했다. 어려움을 이겨내는 비결이라면 비결일 수 있다. 그 비결을 내 일상에 가져와 활용해 보면 힘들 때마다 그것을 극복하는 힘이 될 거라 믿는다.

매일 당신이 빠지지 않고 하는 일을 말해 달라

선택과 집중이라는 말이 있다. 어떤 일을 하든지 자신이 할 수 있는 일을 선택한 후에는 집중해서 전력투구하라는 것이다. 흥미도 없고, 잘하지도 못할 일에 어설프게 매달려 낭비할 만큼 우리가 가진 시간이 무궁무진한 건 아니지 않는가.

_《학력파괴자들》, p.55

이세돌이 한 말이다.

선택한 일이 없으면 집중할 일도 없다. 아무것도 선택하지 않으면 아무것도 하지 않는 것이다. 매일 내가 선택한 일이 없다면 나는 아무것도 하지 않은 채 하루를 보낸 게 된다. 물론 아무 것도 하지 않겠다는 선택을 했다면, 그게 자기 의지였다면 그렇게 살면 된다.

선택과 집중이라는 말을 자주 듣는다. 자주 듣는다는 말은 그만큼 중요하게 다루어진다는 의미다. 그런데 우리는 너무 흔한 이야기에는 쉽게 식상해하는 것 같다. 그래서 선택과 집중이란 말을 적절한 순간에 인용해서 쓰긴 하지만, 실제 이 말의 의미를 깊이 들여다보고 자신의 일상에 가져오려는 노력은 하지 못한다.

사람의 일상은 자신의 의지로 매일 하는 일에 의해 바뀐다. 매일 꾸준히 무엇을 해내느냐에 달려 있다.

나는 나에게 질문한다. 내가 매일 빠지지 않고 하는 일이 무엇인지를.

매일 아침 일찍 일어나 평일에는 집에서 운동을 하고, 주말에는 조깅, 명상, 아침 글쓰기, 독서 등등을 떠올린다. 이 중 나를 지금도 변화시키고 있는 것을 들라면 글쓰기와 독서, 운동이라 말한다. 그래서 이 세 가지는 하루라도 빼먹지 않으려고 기를 쓰고 한다. 그리고 그것을 하는 동안에는 다른 무엇에도 방해를 받지 않고 집중해서 해내려고 한다.

무엇이든 꾸준히 해내는 노력에 시간의 힘이 더해지면 결실이 생긴다. 변화를 체감하는 순간을 맞는다. 나는 꾸준히 글을 쓴 덕분에 책을 쓸 수 있었다. 평범한 직장인이었던 내가 말이다.

한번 변화를 경험하면 더 많은 것을 경험하기 위해 노력하게 된다. 아니 집착하게 된다. 성공 경험을 한번 하고 나면 더 큰 성공을 하는 게 쉬워지는 이유다. 나 같은 경우 첫 책을 쓴 이후로 더 열심히 글쓰기, 책쓰기에 매달리고 있다. 매일 하루도 빠짐없이 글쓰기를 해낸 덕분에 글쓰기가 나아지고 책을 쓸 수 있는 내공도 쌓인다는 것을 직접 체험했기 때문이다.

성공은 우리가 이해하기 어려운 법칙이나 비법이 아니라, 이미 알고 있는 것을 얼마나 집요하게 실천하느냐에 달려 있다.

나는 매일 아침 내가 무엇을 해야 하는지를 선택한다. 그리고 거기에 집중한다. 바로 '선택과 집중'이다. 그래서 누군가 자신이 성공할 수 있는지 내게 묻는다면 나는 이렇게 그 사람에게 질문할 것이다.

"당신의 의지로 매일 빠지지 않고 하는 일이 있습니까?"
"당신은 그 일을 집중해서 하고 있습니까?"

정답은 이 질문의 답에 숨어 있다. 매일 내가 선택해서 집요하게 실천하고 있는 일, 그 안에 성공의 씨앗이 자라고 있다.

삶은 한 권의
책과 같다

누군가는 인생을 책에 비유하기도 한다. 일생을 한 권의 책에 비유한다면, 매일 우리가 보내는 일상은 각 페이지를 장식하는 이야기가 된다. 나에 대한 이야기와 생각을 담은 책. 이 책은 세상에서 단 하나뿐인 책이다. 그 누구도 흉내 낼 수 없는 나만의 책.

그런 책을 한 권 쓴다는 생각으로 인생을 살아간다면 어떨까? 매일 일기를 쓰듯 나의 이야기를 기록하면서 한 장씩 책을 채워간다면, 그 책은 대단한 의미를 지닌 책이 된다. 적어도 나 자신에게는 말이다.

산다는 것은 세상을 알아가는 것이기도 하지만, 나를 알아가는 과정이기도 하다. 나 역시 세상의 일부이며, 나를 아는 것이 세상을 이해하는 것이기도 한 것이다. 내 삶을 기록하며 바라볼 수 있다면 인생을 좀 더 의미 있는 활동들로 채우려고 애쓰게 되지 않을까?

살면서 어떤 일을 겪게 될지 미리 알 수 있는 사람은 없다. 그

리고 내가 예상했던 대로, 상상한 대로 미래가 현실이 되지도 않는다. 단지 지금 이 순간을 어떻게 사느냐에 따라 미래는 지금과 달라질 뿐이다. 미래가 불안하면 지금 이 순간을 충실하게 살면 된다. 아무 것도 하지 않으면 아무 일도 일어나지 않는다. 그게 더 불안한 일이다.

내 인생의 다음 페이지가 어떤 이야기들로 채워질 지는 그 순간이 되어야 비로소 알 수 있다. 단지 지금 이 순간 해내는 일에 따라 미래는 달라질 거라고 기대만 할 수 있을 뿐이다. 어떤 마법과 같은 일이 내일 혹은 내년에 일어날지 누구도 예상할 수 없는 일이다.

만일 내 인생을 담은 책이 이미 내가 다 알고 있는 내용들로 채워진다면 얼마나 무미건조해질까? 이미 결론이 눈에 보이는 이야기는 처음부터 재미가 없지만, 내일을 알 수 없는 우리 인생이란 책은 아주 흥미진진할 수밖에 없다.

세상은 생각대로 되지 않아서 멋지다고 했던 빨간머리 앤의 유명한 대사를 문득 떠올린다. 무슨 일이 일어날지 몰라 불안한 사람이 있는 반면, 누군가는 새로운 일을 기대하며 부푼 가슴을 안고 산다. 하루를 막연히 보내는 것과 대단한 것을 기대하고 보내는 것은 삶을 대하는 태도에서 큰 차이를 만든다. 태도가 곧 그 사람의 일상과 인생을 바꾸어 놓는다.

우리가 할 수 있는 유일한 것은 지금, 오늘 내가 채울 수 있는 이야기를 만드는 것이다. 그냥 일어나는 일을 정리하는 것이 아닌, 내 의지를 가지고 할 수 있는 일을 해내는 것이다. 그렇게 오늘 하루를 채울 때, 내 인생은 점차 흥미진진해지고, 행복한 결론을 기대할 수 있는 책이 된다.

'오늘 하루를 어떤 이야기로 채워 볼까?' 이런 상상을 하며 시작하는 일상은 분명 달라진다. 그리고 내가 보낸 하루를 꼭 글로 적어 보자. 단 한 권의 책을 위한 원고를 쓴다는 생각으로 말이다. 그렇게 살아낸 일상은 오늘을 가치 있게 만든다. 우리가 단순히 보고, 느끼는 것들이 다가 아니란 사실을 깨닫게 된다. 매일 우리가 겪는 변화를 감지하지 못하고 살았다는 사실을 알게 된다.

더 나은 내일을 만드는 유일한 방법은 오늘 하루를 의미 있는 일로 채우는 길뿐이다. 당장 내일을 바꾸지는 못해도, 어느 순간 매일 실행한 일이 만들어내는 기적을 만나는 날이 있을 것이다. 그런 기적을 담은 책을 오늘부터 써 나가도록 하자.

단지 마음만 먹었을 때와 마음먹은 것을 지금 바로 실행하는 것은 또 다른 차이를 만든다. 생각이 떠올랐을 때, 뭔가를 하려고 마음먹었을 때, 지금 당장 그것을 해보는 것이다. 지금 펜을 드는 당신이 지금 이 순간을 바꾸고, 내일을 바꾼다.

사랑받기 위해
태어난 사람

"엄마!"
"왜?"
"뭐 보세요?"
"저기 애기"
"왜요?"
"예뻐서"
"쟤가 예뻐요, 내가 예뻐요?"
"니가"
"그럼 왜 나 안 보고 쟤 보세요?"

햄버거 가게에서 아이들과 햄버거를 먹고 있었는데 큰 아이가 불쑥 엄마에게 한 얘기다. 진지한 분위기에서 나눈 대화는 아니다. 아이가 애교 섞인 말투로 엄마에게 한 얘기니까.

아마 아이는 엄마에게서 평소와는 다른 눈빛을 느꼈는지 모른다. 그래서 물어본 거다. 뭘 보고 그런 다정한 눈빛을 보내고 있는지.

그런데 엄마가 다른 아이를 보고 있다. 거기서 살짝 질투심 같은 게 생기지 않았을까? 그래서 엄마에게 투정을 부린 것이다. 쟤가 예뻐요, 내가 예뻐요? 이렇게.

그날 나는 평소 아이에게 보내는 눈빛이 어땠는지를 생각해보았다. 늘 아이에게 관심의 눈빛, 사랑의 눈빛을 보냈다면 아이가 이런 투정을 했을까?

아이와 보내는 일상이 항상 다정하고 사랑이 넘치지만은 않는다. 때론 아이에게 불같이 화를 내기도 하고, 아이가 훌쩍 크고 나니 자주 티격태격한다. 세상 누구보다 사랑하는 사이면서 말이다.

가끔 욱해서 얼굴을 붉히기도 하지만, 부모와 자식은 서로 사랑이 넘치는 사이여야 한다. 아니 원래 사랑하는 사이다. 가끔 그것을 잊으니 문제다. 상당히 심각한 문제가 되기도 한다. 가족이지만 가족이 아닌 것처럼 서로의 마음에 상처를 줄 때가 있으니 말이다.

그래서 아이들 얼굴을 볼 때, 자주 마음속으로 이런 노래를 부른다. 아이들을 대하는 마음가짐을 한결같이 유지하고 싶어 나름대로 비법처럼 쓰는 방법이다.

"당신은 사랑받기 위해 태어난 사람~"

딱 요만큼만 기억하는 노래다. 아이를 대할 때마다 잊지 않고 이 말을 떠올리면, 아이를 대하는 자세가 금세 달라진다. 내가 아이를 어떤 태도로 대해야 하는지 명확해지기 때문이다.

아이들을 바라볼 때는 저절로 사랑이 가득한 눈빛을 담게 된다. 그러면 생뚱맞게 '왜 나를 안 보세요?'란 귀여운 항의를 받지 않을 수 있다.

    엄마와 아들의 대화가 끝나자마자 아빠인 나는 이렇게 말했다.
    "난 우리 아들들에게서 눈을 뗄 수가 없다!"
    자주 마음을 행동으로 보여주어야 한다. 사랑한다는 말로는 부족하다. 아이들은 부모의 말보다 행동에 더 주목한다는 사실을 잊지 않아야 한다. 백 마디 말보다 단 한번의 행동으로 아이들에게 사랑을 전할 수 있다. 관심과 사랑의 눈빛을 전하고, 자주 안아주고 대화하면 된다. 우리는 어렵지 않은 일에 너무 인색하다. 바쁘다는 핑계로 말이다.

무기력하게 느껴질 때는
무조건 움직여라

아침마다 글을 쓰면서 그 날의 기분, 몸의 상태 등을 느끼며 정리해 보게 된다.

'오늘은 활력이 넘치는 것 같아.'
'오늘은 좀 피곤하군.'
'몸이 정말 힘드네.'
'아, 우울해.'

좋은 날은 괜찮다. 그런 날은 떠오르는 생각들도 많고 글도 잘 써진다. 굳이 행복해지려고 애쓰지 않아도 그냥 행복한 날이다.
반대로 몸이 참 힘들다고 느낄 때가 있다. 머리도 멍하고 몸도 피곤해서 그냥 쉬면 좋겠다는 생각만이 머릿속에 맴돈다. 아무 것도 하고 싶지 않은 날, 마냥 집에서 쉬고 싶다. 하지만 직장인에게 그런 선택의 여지는 없다. 어쨌든 사무실에 나와 앉아 있어야 하는 운명인 것이다.

의욕이 제로에 가까워지는 날이 있다. 그런 날은 퇴근 시간까지만 어떻게든 견뎌 보자는 생각으로 보내게 된다. 이렇게 일과를 시작하면 일이 제대로 될 리가 없다. 미뤄도 되는 일은 미루고, 당장 급하고 겉으로 티가 나는 일만 하게 된다.

하루라는 시간. 그냥 허투루 보내도 되는 날은 없다. 메멘토 모리(Memento Mori). 우리 삶은 언젠가 끝이 난다는 사실은 하루가 아니라, 1분 1초도 소중하게 여기게 한다. 어떤 경우라도 내게 주어진 소중한 시간을 허비해서는 안 되는 것이다. 심지어 죽을 것 같이 힘든 날도 어떤 의미로 채울 수 있어야 한다는 뜻이다.

그래서 우울하고 힘든 날, 약간의 의욕이라도 불러올 수 있는 생각의 전환이 필요하다. 힘든 순간에 나를 그냥 방치하지 않으려는 의지가 필요하다.

오늘 같은 날만 아니었으면 좋겠다는 생각이 드는 아침. 머리는 생각 없이 멍하고, 몸은 후줄근해져 원래 있던 힘은 어디 갔는지 알 수 없는 날. 그런 날은 자리에 앉아 잠을 청하기보다 잠시

밖으로 나가 걸으며 기분 전환을 하는 게 훨씬 좋다.

전날 마신 술이 깨지 않은 상태에서 아침 달리기를 했던 적이 있다. 머리가 깨질 듯이 아팠지만 그냥 잠을 청했을 때보다 훨씬 더 빨리 회복할 수 있었다.

힘들 때는 주먹을 불끈 쥐어보기도 하고, 얼굴에 미소를 담아본다. 아무도 보는 사람이 없다면 크게 웃는 흉내를 내보는 것도 좋은 방책이다. 그러면 신기하게도 기분이 바뀐다.

그 중 가장 좋은 방법은 밖으로 나가는 것이다. 빠르게 걷거나 뛰면서 몸에 열기를 더해 보는 것이다. 환경이 허락된다면 사무실 주위를 빠르게 한 바퀴 돌아보는 것도 좋다. 가만히 앉아있을 때와는 다른 기분을 느끼게 된다.

밖으로 나갈 힘조차 없다고 느껴지는 순간이나, 그냥 가만히 있는 게 편하다고 느껴지는 순간에도 자리를 박차고 일어나면 생각이 달라지는 경험을 하게 된다. 몸을 움직이니 마음까지 바뀌는 것이다. 가만히 있을 때와 억지로라도 내 몸을 움직여 볼 때, 기분이나 마음가짐이 어떻게 바뀌는지 한번 유심히 살펴보자. 그것을 단 한번만 경험해 보면, 힘든 순간에도 웅크리고 있지 않게 된다. 몸을 움직이는 것이 얼마나 유익한지 알고 나면 말이다.

무기력하게 느껴지는 날. 그냥 나를 방치하지 말자. 그렇게 보내기에는 이 순간, 오늘이라는 시간이 내게 너무나 귀하고 소중한 시간이다. 약간의 수고스러움은 무조건 감내하겠다는 결심 하나면 충분하다.

사는 대로
생각한다는 것

매일 아침 출근해서 책상 앞에 앉으면 매번 이런 생각을 한다.

'오늘도 어제와 똑같은 날이야.'

버스 정류장으로 가는 길에 떠올렸고, 버스에 올라서도 떠올렸던 생각이다. 다시 정신없이 업무에 들어가기 전까지 생각은 깨어 있다. 그리고 레드 썬!

다시 일상의 틀을 반복하면서 생각 스위치는 꺼진다.

수많은 자기계발서들이 이런 질문을 하라고 한다.

'왜 살고 있는가?'
'무엇을 위해 사는가?'
'내가 원하는 것은 무엇인가?'
'내가 하고 싶은 것은 무엇인가?'

지구별에 와서 내가 여기서 사는 이유라도 알고 살아야 하지 않겠느냐는 물음이다.

이런 질문을 하는 순간 생각한다. '그렇지, 왜 살아야 하는지, 어떻게 살아야 하는지 이유는 있어야 하지 않을까?' 하고 말이다. 그 순간이 무척 중요한 인생의 기로에 선 것처럼 느낄 때도 있다.

문제는 그렇게 깨어나는 순간이 잠시뿐이라는 사실이다. 마치 가끔만 제정신으로 사는 것 같다. 자극이 있을 때만, 그리고 생각할 여유가 생겼을 때만 정신을 차리고 자신의 삶에 대해 생각하게 된다.

'자극'과 '생각할 여유', 이것이 없으면 우린 그냥 사는 대로 생각하며 살게 된다.

'자극'은 책을 읽거나 누군가와 이야기를 할 때 받는다. 외부에서 오는 것이다.

'여유'란 내가 생각을 할 수 있는 시간을 말한다. 아무런 방해가 없는 시간. 책을 읽거나, 누군가와 의미 있는 대화를 나누는 시간도 여기에 해당한다.

자극과 여유는 꾸준히 내 삶의 중요한 요소로 자리 잡아야 한다.

출근하는 동안, 잠시 제정신을 차리고 나를 자극한다. 매일 똑같은 일상을 살면 안 된다는 생각, 그리고 변화가 필요하다는 절실함을 갖게 한다. 여유가 생겨 떠올렸던 이런 생각은 다시 똑같은 일과를 시작하자마자 무의식 속으로 사라진다. 마치 아무 생각 없이 하루를 시작한 것처럼 매번 똑같은 일상이 반복된다. 그리고 퇴근하면서 다시 제정신으로 돌아온다.

'오늘 난 무얼 하며 보낸 거지?'

기억나는 것 없이 보낸 하루를 접고, 피곤한 몸을 쉴 수 있는 가정으로 가는 길을 재촉한다. 이미 피곤해진 몸에서 다른 생각은 힘들다. 생각이 없으니 다른 활동도 기대하기 힘들다. 그대로 잠들고 다음 날을 맞는다.

변화를 원할 때 강행해야 할 것이 있다. 자주 듣는 조언이다. 자기가 몸담고 있는 환경을 바꾸든지, 만나는 사람을 바꾸라고들 한다. 자극을 바꾸라는 얘기다. 그런데 알면서도 실행하지 못하는 이유는 무엇일까? 아는 대로, 생각하는 대로 실행할 만큼 자극과 여유를 위한 시간을 충분히 가지지 못하기 때문이다. 자신의 몸에서 자란 날개를 찾아낸 사람들은 결국 누군가에게 떠밀려 벼랑에서 떨어져 본 덕분이라고 말한다.

어쩌면 자기 의지만으로는 삶에 변화를 가져오기 힘든 것인지도 모른다. 때론 무모한 상황으로 자신을 내몰아보는 것도 나쁜 방법만은 아닌 것 같다.

생각하지 않아도
존재할 수 있다

　　　　　　　　　　　　　　　어느 휴일 아침, 큰 아이가 엄마에게 아침 반찬으로 베이컨을 구워달라고 했다. 내가 엉뚱해서 그런지 모르겠지만, 문득 나는 철학자 프랜시스 베이컨을 떠올렸다. 아이에게 물었다. 베이컨 하면 생각나는 사람은? 철학자 중 아무 이름이나 대 주기를 기대하고 물었던 것이다. 아이도 나처럼 베이컨이란 이름에서 다른 것을 연상할 수 있을 거라 생각하며.

　아이가 모르겠다며 그게 누구냐고 묻길래 나는 대뜸 데카르트라고 했다. 아이는 생뚱맞다는 표정을 했다.

　베이컨과 국적은 달랐지만, 같은 시대를 살았던 철학자. 이들의 이름을 떠올린 건 내가 철학을 잘 알고 있어서가 아니라 단지 학창시절 철학사를 배우며 자주 접했기 때문일 뿐이다. 일반적으로 알려진 만큼 딱 그만큼만 알고 있는 철학자다.

　데카르트 하면 생각나는 말이 있다.

　'나는 생각한다. 고로 존재한다.'

　사실 우리 모두는 생각하며 산다고 믿고 있다. 가끔 생각 없이 산다고 꾸중을 들을 때도 있지만 아예 생각 없이 사는 사람은 사실 없다. 문제는 어떤 생각을 하며 사느냐다.

　사람은 하루에 오만 가지 생각을 하며 산다고들 한다. 그렇게 많은 생각으로 머리가 복잡하지만 정작 내가 해낸 생각이 어떤 건지 떠올려 보려고 하면 쉽지가 않다. 오늘 하루를 한번 돌아보자. 나는 어떤 생각을 하고 살았는가!

　사람은 의식과 무의식 체계를 가지고 있다. 어디에 의지하고 사느냐에 따라 일상은 판이하게 달라진다. 무의식은 우리 머릿속에 새겨진 자동화 시스템이다. 의식하지 않아도 자연스럽게 반응하는 것을 말한다. 의식적인 노력을 하지 않아도 습관이 되어 저절로 행하게 되는 것들이 바로 무의식이 하는 일이다.

　매일 뭘 하며 보냈는지 모르겠다고 자주 한탄하는 사람들은 이 자동화 시스템에 의지해 사는 것이다. 자동화 시스템은 만취 상태에서 집으로 돌아올 때 제대로 가동된다. 술을 과하게 마신 다음

날 신기한 일이 벌어져 있다. 집으로 들어온 기억은 없는데, 나는 집에 와서 누워 있다. 의식하지 않아도, 때론 의식이 없었던 것 같아도 우리는 늘 하던 습관대로 집을 찾아온다. 집에 올 때는 세심한 주의가 필요 없는 것이다.

생각하지 않아도 존재할 수 있다. 아무 생각 없이 살아도 사람으로 존재할 수 있다. 하지만 그냥 존재하는 것이 삶의 목적은 아닐 것이다. 기왕 존재하기로 한 거, 사람으로 태어난 거, 사람처럼 생각하고 사람처럼 존재해야 하지 않을까? 그래서 나는 데카르트의 말을 이렇게 바꾸어 봤다.

'나는 사람처럼 생각한다. 고로 사람으로 존재한다.'

가끔 방송에서 사람이지만 생각 없는 사람들을 본다. 내가 그런 사람이 아니기를 간절히 바라는 마음이다.

버티는 힘을 길러라

가족이 모두 부산에 내려갔다가 서울로 올라오면서 생긴 일이다. 열차를 타기 전 아내와 내가 마실 커피 '큰 사이즈'와 아이들 음료를 캐리어에 담아서 열차에 올랐다. 그리고 좌석을 찾아 앉은 후에 아이들이 먼저 자신의 음료수를 뽑아들었고, 작은 아이가 커피가 담긴 캐리어를 나에게 넘겼다. 그 순간 한쪽에만 무게가 실려서 그랬는지 캐리어가 분리되면서, 커피 두 개가 그대로 바닥에 떨어져 버렸다.

우리 자리 주변으로 승객들이 모두 타고 있는 상황이었고, 기차는 출발 직전이었다. 순간 멍해지며 눈앞이 캄캄해졌다. 이런 일이 있을 거라고는 상상도 하지 못했고, 수습이 불가능할 것 같은 상황이 벌어진 것이다.

커피는 바닥에 내동댕이쳐져서 퍽 소리를 내며 쏟아졌고, 바닥은 커피색으로 물들기 시작했다. 승객들의 발밑으로 커피가 빠른 속도로 스며들었다. 내가 다른 승객들 입장이었어도 당황했을 상황이었다. 나는 수습을 해야 하는 상황 속에서 경황은 없고, 이것을 어떻게 해야 하나 난감하기도 하고, 주위 승객들에게 미안하기도 해서 정신을 차릴 수가 없었다.

다행히 주위 분 중에 휴지를 주신 분도 계셨고, 승무원이 달려와 도움을 준 덕분에 가까스로 커피를 다 닦아낼 수 있었다. 앞뒤, 옆으로 앉은 승객들의 발밑을 닦으며 죄송하다는 말을 반복했다.

그 후로 커피를 캐리어에 담아 옮길 때는 무척 조심스럽다. 캐리어를 손에 들면 불안불안하다. 아내에게 농담 삼아 조심해서 들라고 할 때도 있다. 아내도 그때를 기억하고 웃음으로 답한다.

커피를 쏟는 일은 흔히 있을 수 있지만, 좁은 열차 안에서 이런 일이 벌어지면 눈앞이 캄캄해질 수밖에 없다. 그런데 살다 보면 이보다 더 아찔한 상황에 처하는 일이 부지기수다.

'엎친 데 덮친 격'이라는 속담처럼 도무지 해결책이 보이지 않는 상황을 맞닥뜨리면 몸과 마음이 얼음처럼 굳어져서 그야말로 바보 아닌 바보가 된다. 그럴 때는 시간이 빨리 지나가 버리기를 바라는 마음뿐이다. 시간이 해결해 줄 수 있는 일이란 걸 알기 때문이다.

> 블랙홀에는 다른 세계로 빠져나올 수 있는 출구가 있다. 만약 당신이 블랙홀에 갇혀 있다고 느낀다면 포기할 필요가 없다. 분명 출구가 있다.
>
> _스티븐 호킹

당혹스러운 일이 생길 때마다 순간 힘겨움을 느낄 수는 있다. 하지만 우리 일상에서 만나는 문제들은 시간이 지나면 어떻게든 해결이 되기 마련이다. 단지 좌절하거나 포기만 하지 않으면 말이다.

고난과 역경이 이어지는 삶 속에서 우리가 인생을 즐기며 사는 방법은 오직 하나, '잘 버티는 힘'을 기르는 것이다. 힘겨웠던 모든 일들은 지나고 나면 웃으며 떠올릴 수 있는 추억거리가 되기 마련이다.

힘든 순간, 아무 것도 내가 할 수 있는 게 없어 허탈하거나 좌절하는 순간에도 그냥 버티자고 이를 악물어 보자. 시간이 해결해 줄 때도 있고, 예상치 못한 상황이 전개될 수도 있다. 단지 포기하지 않고 묵묵히 견디기만 하면, 해결의 실마리가 보이기 마련이다. 역경이 곧 경력이 된다는 말처럼, 어려운 경험을 많이 한사람이 훨씬 더 성장한다는 사실을 마음에 담아두면 어려움을 이겨나가는 데 도움이 될 것이다.

아이들이 주는 맛

　　　　　　　　　　　　매일 아침 출근길로 나서기 전에 매일 해야 하는 의식처럼 하고 나오는 게 있다. 자고 있는 두 아들의 볼에 살짝 입을 맞추고 나오는 것이다.

　가족이라고는 하지만, 하루 종일 직장에 몸담고 있으니 아빠가 평일에 아이들과 보낼 수 있는 시간은 한정적이다. 굳이 따져 본다면 저녁 퇴근 시간 이후 2~3시간 정도? 이 시간도 집 안에 함께 있다 뿐이지 아이들은 숙제나 과제물 때문에 자신의 방에 있는 시간이 더 많다. 그러니 실제 아이들과 어울리는 시간은 퇴근 후 채 1시간 혹은 30분도 안 되는 셈이다.

　사실 직장인 아빠들의 일상이 모두 비슷하다. 평일에는 아예 아이들 얼굴을 보지 못하는 아빠들도 많다. 나 역시 아이들이 잠든 모습을 보고 출근하고 저녁 늦게 퇴근하면 이미 아이들은 잠들어 있다. 나는 아이들의 자는 모습이라도 보지만 아이들은 그날 하루 아빠를 못 본 셈이다.

　만일 이런 날이 이어진다면 어떻게 될까? 밥벌이에 바쁜 아빠들이 인식하지 못하는 중요한 한가지가 있다. 아빠와 함께 하는 시간이 없다면, 아이들과 친해질 시간이 없다는 것이다. 아이와 친한 아빠가 될 수 없다. 친한 아빠가 되지 못하면 아이들과 깊이 있는 대화가 안 된다. 대화할 기회도 차츰 없어진다. 마음의 거리가 소통을 방해하는 것이다.

최근 인기 몰이를 하고 있는 드라마 '슬기로운 감빵생활'에 이런 장면이 있었다. 교도소에 복역 중인 한 남성에게 아내가 면회를 왔다. 그리고 아이가 아프다고 말한다. 간 이식이 필요하다고 한다. 그런데 좀 이상한 말이 엄마 입을 통해 나온다. 아빠에게서 이식 수술을 받을 수 있지만, 아이가 아빠 간은 죽어도 싫다는 것이다. 이 말을 듣자마자 대충 감이 왔다. 무슨 사연인지 모르지만 아이는 아빠가 죽기보다 싫었던 것이다.

아빠와 아들. 그 관계는 호칭처럼 따뜻하지 않을 때가 있다. 가족은 곧 사랑이라 여기지만, 가족만큼 상처를 주는 관계도 없다고 한다. 특히 아빠들은 먹고 사는 일에 바쁘다 보니 가족들과의 관계에 소홀해지기 쉽다. 아빠는 가정을 책임진다는 명분을 가지고 자신의 입장을 대변하려고 하겠지만, 아이들에게 그것은 이유가 안 된다. 아이들은 아빠의 그런 상황을 이해하지도 못한다. 아빠가 그 누구도 대신할 수 없는 가정에서의 역할을 찾지 못하면, 아이와의 관계는 점점 소원해지고 남처럼 될 수도 있다. 얼굴을 마주하기도 싫은 사람이 될 수 있다.

아이들이 아빠를 볼 수 있는 시간이 부족하더라도, 아빠의 사랑을 느끼게 할 수는 있다. 방법은 딱 하나, 아이들과 함께 하는 그 순간에 달려 있다. 오로지 아이에게만 관심을 주고 사랑을 주는 것이다. 단 5분의 시간만 주어진다면, 오직 아이와 함께 할 수

있는 일에 최선을 다하는 것이다. 그 시간은 온전히 아빠의 사랑을 느끼게 해주는 시간이어야 한다.

아침에 자고 있는 아이들 볼에 뽀뽀를 하게 된 건 이런 아빠의 마음을 잘 때도 느꼈으면 좋겠다는 소망 때문이었다. 그래서 매일 아이들의 볼에 입을 맞추고 나온다. 가끔은 한마디의 말도 덧붙인다. "아빠 회사 다녀올게." 하고 말이다. 늘 그런 건 아니지만 가끔 잠결에 아이가 '네' 하고 대답하기도 한다. 아이가 이렇게 반응하면서부터 매일 아이들의 볼에 입을 맞추게 되었다. 아이들도 아빠를 느낀다는 걸 알게 되면서부터 말이다.

아이들의 볼에 입을 맞추고 나면, 특유의 짭짤한 맛이 입안에 살짝 퍼진다. 아이들 볼에서 내 입술로 전해진 아이들의 맛이다. 자는 아이의 볼에 입을 맞추어 보지 않은 아빠들은 절대로 알 수 없는 맛이다. 내가 아이들을 느끼듯이 아이들도 자면서 나를 느꼈으면 하는 마음이다.

결과에 대한 성급한 기대는
포기를 부른다

언젠가 직원 체육대회가 있었다. 축구 경기 도중에 선수로 뛰던 직원 중 하나가 다리를 다쳤는데 인대가 끊어져 수술까지 하게 됐다. 수술을 하고 난 후 그 직원은 병실로 옮겨졌는데, 마취가 풀리면서 극심한 고통을 호소하기 시작했다.

간호사에게 얘기를 하니 진통제를 맞고 있어서 곧 괜찮아질 거라고 한다. 그런데 간호사의 말처럼 쉽게 통증이 가라앉지 않았다. 환자는 자꾸 간호사에게 어떻게 좀 해달라고 한다. 간호사는 똑같은 대답을 반복할 뿐이다. 그냥 기다리라는 것이다. 그 이후로 한참이 지난 후에야 통증이 가라앉기 시작했고, 직원은 안정을 찾았다.

우리는 진통제를 맞으면 즉시 통증이 사라질 거라고 기대한다. 그런데 그게 아니다. 약을 투여하고 나서 몸에 스며드는 시간이 필요하다. 그런데 아픈 사람에게는 그 시간이 너무나 고통스럽고 힘든 순간이다. 그렇다고 진통제의 효과를 앞당길 수는 없는 노릇이다. 기다릴 수밖에.

살다 보면 이런 일들은 흔히 일어난다. 어떤 조치를 취하고 나서 효과를 보려면 시간이 필요할 때가 많다. 진통제 효과를 보는 시간보다 더 많은 시간이 필요할 때도 있다. 예를 들자면 이런 것들이다.

몸이 허약해서 먹는 보약은 먹자마자 좋아지는 게 아니다. 약효를 보기 위해서는 상당한 기간이 필요하다. 몇 개월씩 장기간 복용해야 효과를 볼 수 있는 것도 있다. 이런 약을 먹으면서 하루 이틀 먹고 약효가 없다고 성급하게 판단해서는 안 된다.

운동을 하면 운동 효과는 꽤 시간이 흐르고 난 후에 나타난다. 특히 근육은 하루 만에 폭발적인 성장을 할 수 있는 게 아니다. 꽤 오랜 시간 꾸준히 해야 단단하게 다져진 근육을 가질 수 있다.

어학도 마찬가지다. 아무리 유명 강사가 가르치는 학원이라도 단번에 어학 실력을 원어민 수준으로 만들지 못한다. 꾸준히 훈련하는 기간이 필요하다. 그것도 아주 열심히 말이다.

우리가 성장해 나가는 과정도 이와 같다. 자기를 성장시키고 싶으면 도움이 되는 활동을 매일 꾸준히 해야 하고, 더 빨리 결과를 얻고 싶으면 더 치열하고 독하게 실행으로 옮겨야 한다.

그런데 대부분의 사람들은 빠른 결과를 기대했다가 그게 아니면 쉽게 포기해 버린다. 단 한번 시도해 보고 말이다. 그렇게 포기한 사람들은 한가지 고정관념을 갖게 된다. '어차피 해봐야 안 된다'는 부정적인 생각이 머리를 채우게 되는 것이다. 그런 생각에 젖어 있으면 아무런 시도도 하지 않게 된다. 특히 시간을 요하는 자기계발은 꿈도 꾸지 못한다.

장기적인 관점으로 생각하는 습관을 가져야 한다. 지금 당장은 효과가 없지만, 지금 당장은 실패한 것 같지만 노력한 시간이 누적이 되면 결국 결실을 얻게 되는 활동들로 일상을 채울 수 있어야 한다.

꾸준한 노력을 통해 얻을 수 있는 값진 결과는 아무나 가질 수 있는 게 아니다. 이것을 아는 사람들은 남들이 보기에 유별나다 싶을 정도로 그런 활동에 집착한다. 장기적인 관점에서 돌아올 결실이 너무나 크다는 것을 알기 때문이다.

하지만 너무 많은 일에 매달려도 제대로 된 결과물을 얻기 힘들다. 모든 일을 하겠다는 것은 아무것도 하지 않겠다는 것과 같은 의미다. 선택과 집중이 필요하다는 말이다.

효과를 보기 위해 시간을 요하는 활동들을 정해서 거기에 집착하듯 매달려 보자. 남들이 쉽게 가질 수 없는 경쟁력을 가지게 될 것이다.

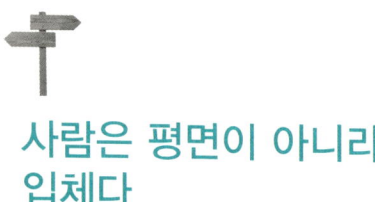

사람은 평면이 아니라 입체다

감정 노동으로 고통을 받는 사람들이 많다. 서비스직에 종사하는 분들인데, 이들에게 고통을 주는 사람들은 다름 아닌 이들의 고객들이다. 소위 진상 고객들이라고 알려진 사람들이다. 특히 얼굴을 보지 않고 목소리로만 서비스를 하는 콜센터 직원들의 고충에 대해서는 잘 알려져 있다. 그들은 성희롱이나 음담패설, 막말, 폭언을 듣고도 따지거나 대들 수 없는 직업을 가지고 있다.

사람을 사람으로 대하지 않는 사람들, 그들 때문에 서비스직에 종사하는 사람들이 겪는 감정노동은 고통을 넘어 병으로 이어진다. 서비스직에 종사하는 사람들도 사람이고 누군가의 딸이고 엄마다. 이것을 알고도 그들에게 막말이나 폭언을 퍼부을 수 있을까?

콜센터 직원들이 겪는 문제를 해결해 보려고 한 기업이 색다른 시도를 했다. 그것은 바로 '마음이음 연결음'이다.

"착하고 성실한 우리 딸이 상담 드릴 예정입니다."
"사랑하는 우리 아내가 상담 드릴 예정입니다."
"제가 세상에서 가장 좋아하는 우리 엄마가 상담 드릴 예정입니다. 잠시만 기다려 주세요."

일반적인 통화 연결음 대신 이런 멘트가 먼저 들린다면 어떨까? 서비스 불만 때문에 폭언이라도 쏟아 부으려 마음먹었을 때 말이다.
통화 연결음을 바꾸고 나니 이런 결과가 나왔다고 한다.

상담원들의 스트레스 54.2% 감소, 고객의 친절한 한마디 8.3% 증가, 존중받는 느낌 25% 증가. 고객의 친절에 대한 기대감 25% 증가.

내가 막무가내로 대하려는 대상이 누군가의 딸이고, 아내이고, 엄마라는 것을 상기하는 것만으로도 상대를 대하는 태도가 달라진다. 이것은 우리가 얼마나 쉽게 사람을 입체가 아니라 단순한 평면으로 대하는지를 보여준다.

콜센터 상담원을 대할 때만이 아니다. 사람을 대할 때마다 상대방을 단순히 평면적으로 보는 사람은 상대방의 입장을 고려하거나 상대방이 느낄 기분에 대해 공감하지 못한다. 그들을 나와 똑같은 감정을 지닌 사람이라 깨닫지 못하는 것이다. 그런 사람들은 아무런 죄책감 없이 사람들에게 상처를 준다. 자신이 하는 행동이나 말이 상대에게 어떤 영향을 주는지를 전혀 생각지 못한다.

사람을 대하는 마음가짐만 바꾸어도 상대를 대하는 태도가 바뀐다. 내가 대하는 사람도 누군가의 가족이다. 내 가족에게 할 수 없는 험한 말은 다른 사람들에게도 해선 안 된다. 우리는 이런 사실을 너무 쉽게 잊어버리기 때문에 상처 주는 말과 행동을 하게 된다.

보이는 게 전부가 아니라는 생각, 상대도 나와 같은 사람이라는 생각, 내가 아무렇게나 대해도 되는 사람은 없다는 생각이 사람을 대하는 태도를 바꾼다. 이런 단순한 생각의 전환이 대인관계에서 얼마나 큰 힘을 갖는지 실제 경험해 보기 바란다. 다른 사람을 대하는 태도가 바뀌면 다른 사람들이 나를 대하는 태도도 바뀐다. 혹시 관계에 문제가 있다고 느낀다면 나 자신을 먼저 돌아보면 해결책이 나온다.

하루를 최고로 만드는
2가지 감사한 일

　　　　　　　　　　　매일 아침 사무실로 출근하면 글을 쓴다. 오래된 글쓰기 습관이다. 누구보다 일찍 출근하기 때문에 글을 쓰기 시작했는지, 글을 쓰기 위해 일찍 출근하기 시작했는지는 기억에 없다. 다만 아무도 출근하지 않은 빈 사무실에서 몇 년간 글을 써 왔다.

　매일 아침 쓰는 글은 그냥 아무런 주제 없이 떠오르는 대로 쓴다. 한때 감사일기만 따로 쓰다가 어느 순간부터 글쓰기 첫 문장을 이렇게 쓰면서 감사일기를 대신하기 시작했다.

'오늘 하루를 더 살아 감사합니다.'
그리고 이어지는 한 문장.
'건강하게 하루를 시작해 감사합니다.'

　유한한 인생을 살면서, 오늘 하루를 더 산다는 건 하루를 더 선물 받는 것과 같다. 죽음 앞에 섰을 때, 이 하루라는 시간이 얼마나 소중할까? 하루가 가지는 이런 가치를 미리 알게 된다면 하루를 사는 태도가 달라진다. 게다가 건강하게 하루를 보낼 수 있다니.

아무 탈 없이, 건강에 아무런 문제없이 하루를 산다는 게 얼마나 행복한 일인지는 아파 보면 안다. '아프지 말고~, 아프지 말고~'. 자이언티의 히트곡 '양화대교' 가사가 가끔 머리를 스친다. 아프지 않고 보내는 시간이 얼마나 소중한지는 몸의 노화가 시작하면 깨닫게 된다.

살다 보면 아프지 않고 보내기 힘든 순간이 온다. 그렇게 힘겨운 삶을 살다가 삶을 마감하는 시기는 누구에게나 찾아온다. 그래서 지금 살아 있어 행복한 만큼 아프지 않아 행복하다. 지금 이 순간이 너무나 소중하다.

이 두 가지에 대한 감사로 시작하면 내게 주어진 모든 것들이 다 감사할 일이 된다. 살아서 이 세상을 느끼며 살 수 있다는 자체에 감사하고, 게다가 건강하기까지 하다면 얼마나 감사한 일인가.

모두가 이런 마음이라면 감사하지 않은 사람, 행복하지 않은 사람이 없을 것이다. 그래서 감사와 행복은 노력해서 얻는 게 아니라 내 안에서 찾는 것이다. 내가 감지하지 못했던 감사할 일들을 찾아내기만 하면 저절로 감사하게 된다. 그리고 행복할 수밖에 없다.

"나는 내 안에서 이루어지는 삶과 밖에서 이루어지는 삶이 죽은 사람이든 살아 있는 사람이든 다른 사람들의 노고에 의존하고 있다는 사실을 매일 하루에 백 번씩 스스로에게 일깨운다. 또한 내가 받은 만큼, 그리고 지금도 받고 있는 만큼 주기 위해서 열심히 노력해야 한다고 매일 하루에 백 번씩 스스로에게 일깨운다."

_알베르트 아인슈타인

   혼자서 잘 살아 낼 수 없는 세상이다. 나 혼자 잘나서도 살 수 없다. 내가 지금처럼 사는 것은 분명 누군가의 노고가 있었기 때문이다. 아인슈타인도 하루에 백 번씩 스스로 일깨우는 노력을 했을 정도로 감사한 마음은 쉽게 잊혀진다.
   하루 백 번은 아니라도 하루 한번은 감사함을 글로 적어보자. 매일 아침 단 한번이면 족하다. 그리고 여유가 된다면 그 횟수를 늘려보자. 여러 가지를 나열하고 다 떠올릴 필요는 없다. 단 두 가지만 해도 충분하다.

건강검진 문진표가
내게 묻는 것

건강검진을 받으러 가면 먼저 문진표를 작성한다. 나의 평소 생활 습관과 과거 질병을 앓았던 이력이나 현재 건강상태 등을 미리 확인하는 것이다.

필자가 다니는 회사는 직원들의 건강 검진을 매년 한다. 매년 건강검진을 받으며 문진표를 작성했는데, 항상 나를 곤란하게 했던 질문이 한가지 있다. 바로 신체활동, 즉 운동에 관한 문항으로, 그 내용은 다음과 같다.

- 최근 1주일간, 평소보다 숨이 훨씬 더 차게 만드는 격렬한 활동을 하루 20분 이상 시행한 날은 며칠이었습니까?
- 최근 1주일간, 평소보다 숨이 조금 더 차게 만드는 중간 정도 활동을 하루 30분 이상 시행한 날은 며칠이었습니까?
- 최근 1주일간, 한번에 적어도 10분 이상씩 걸은 경우를 합하여, 하루 총 30분 이상 걸은 날은 며칠이었습니까?

매일 출퇴근 시간 외에는 사무실 밖으로 나갈 일이 점심 먹을 때뿐이었다. 하루 10분 걷는 경우야 출퇴근 시간에 한다고 치고, 평소보다 숨이 더 차게 만드는 활동이나 숨이 훨씬 더 차게 만드는 격렬한 운동과는 담을 쌓고 살았다.

0~7 사이의 숫자 중 하나에 표기를 해야 하는데, '0'에 표기를 하려니 너무 부끄럽게 느껴진다. 얼마나 건강관리를 안 하는지, 얼마나 게을리 사는지를 평가 받는 기분이 들기 때문이다. 그렇다고 건강검진인데 거짓 표기를 할 수도 없는 노릇이다.

매년 이 질문을 받고 반성한다. 건강하게 살기 위해 격렬한 활동을 해야 한다고 말이다. 스포츠를 즐기지 않으니 사실 뛰어다닐 일이 없다. 뛰지 않고 숨이 찬 활동을 할 수는 없다. '언젠가는 하겠다'는 일회용 처방을 매년 하며, 반성 또한 매년 해왔다.

수년간을 그렇게 살다가 드디어 자신 있게 '0'을 탈출하게 됐다. 주말마다 아침 조깅을 시작했기 때문이다. 언젠가는 뛰겠다는 결심을 오래 미루어오다 실행에 옮긴 것이다.

신기하게도 그토록 오래 미루던 것을 한두 번 하고 나니, 계속할 수 있게 되었다. 나는 점점 운동이 주는 쾌감, 만족감에 매료되어 갔다. 그리고 시간이 흐를수록 건강해지고 있다는 것을 몸으로 느낄 수 있게 되면서 더 열심히 뛰어다닌다.

몸을 건강하고 튼튼하게 만드는 방법은 운동이 유일하다. 이것을 알면서도 안 하고 잘도 버티면서 살았다. 더 격렬하게 더 열심히 운동에 매진하면 더 나은 몸을 갖게 될 거라는 걸 알면서도 말이다. 그냥 머리로 아는 것과 실행해서 깨닫는 것은 전혀 별개다.

내가 어떤 심장을 가지고 살지는 내가 결정하는 것이다. 내가 어떤 몸을 가지고 살지도 마찬가지다.

조금만 뛰어도 심장이 터질 것 같이 사는 건 내가 그런 삶을 선택했기 때문이다. 분명히 바꿀 수 있는데도 말이다. 건강검진 문진표가 내게 묻는 것은 지난 1주일간 어떻게 지냈는지를 묻는 것이면서 동시에 앞으로 어떻게 살 건지를 묻는 것이기도 하다.

선택은 하나다. 행동으로 옮기고 건강한 삶을 살 것인지, 이전과 같이 살며 반성만 반복할 것인지. 어떤 선택을 해야 하는지는 분명한데, 우리는 무심히 다른 선택을 하고 사는 경우가 많다. 머릿속에서 경고음이 들렸을 때 행동을 바꾸는 사람만이 더 나은 삶을 살게 된다는 것을 잊지 말았으면 한다.

| 마 | 치 | 며 |

나만의 1-1-1 법칙을 만들자

  Think and Grow Rich. 생각하라 그러면 부자가 될 것이다. 나폴레온 힐이 쓴 전 세계적인 베스트셀러 제목이다. 생각한다고 모두 부자가 되는 건 아니겠지만, 적어도 부자가 된 사람들은 남다른 생각을 한 사람들이다.

  성장과 변화를 위해 생각은 필수다. 그래서 생각하지 않거나, 생각할 시간을 갖지 않으면 다른 삶을 꿈꿀 수 없다. 모든 사람들이 부자가 되어 풍요로운 삶을 살기를 원한다. 지금 부자가 아니라면, 지금 원하는 것을 얻지 못한 채 살고 있다면 다른 생각을 해야 한다.

  그리고 한가지 더 우리가 명심해야 할 것은 생각한 대로 실행해야 원하는 결과를 얻을 수 있다는 사실이다.

  Think and Action.

  일상에 변화를 가져오는 유일한 방법이다. 변화와 성장은 이런 단순한 원리에서 시작된다. 이것을 일상으로 가져오지 못해서 생각한 대로 살지 못하고 있는 것이다.

  복잡하면 집중할 수 없고, 집중하지 못하면 실행하지 못한다.

단순할수록 자주 떠올리고 실행에 옮길 수 있다.

변화하고, 성장하는 방법, 원하는 것을 이루며 사는 방법을 단순화시키면 이렇다.

- 1단계 : 생각하기 – 결심하기
- 2단계 : 떠올리기 – 실행하기

1단계가 바로 생각하기 영역이며, 2단계가 실행 영역이다. 이것을 반복하면 지금 이 순간, 오늘 하루를 다르게 살 수 있다.

여기에 중요한 것이 하나 더 있다. 이 공식을 실행에 옮길 단 1분의 시간이라도 낼 수 있어야 한다는 사실이다. 기록해 두었지만, 일상으로 가져오지 못해 잠들어 있는 목표나 생각들이 얼마나 많은지는 평소 쓰는 다이어리를 열어 보면 안다.

하루 한번이라도 나를 위해 쓰는 시간을 만들어야 한다. 목표를 떠올리기 위한 시간을 단 1분이라도 낼 수 있어야 한다. 이것은 하겠다는 결심만 있으면 된다.

나만의 1-1-1 법칙을 만들자.

하루 1번, 단 1분이라도 시간을 내고, 한가지라도 해내겠다는 결심. 이것을 머리에 새겨두고 실행에 옮기면 일상의 변화는 시작된다.

이 모든 것의 시작은 생각하기다. 나와 내 주변을 예민하게 관찰하고, 생각하는 힘이 바탕이 되어야 한다. 스마트폰 볼 시간에 생각하기. 이런 결심 하나가 내 일상을 바꾼다. 오늘 하루의 변화가 내 인생 전체의 그림을 바꾸어 놓는다는 사실을 꼭 기억했으면 좋겠다.